ブレグジット × トランプの時代

金融危機と民主主義の溶解

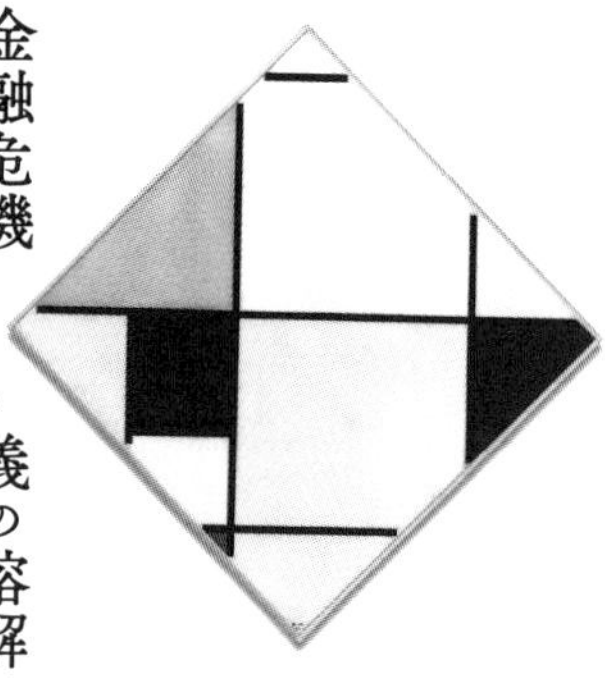

小野塚佳光◉著

萌書房

目　次

ブレグジット×トランプの時代

――金融危機と民主主義の溶解――

第1章❖ひとつの冒険

人は「ある時代を生きる」。フィデル・カストロとリー・クアンユーの2人は，ともに小国とはいえ1つの国家を築き，国際政治の変動を生き抜いた指導者である。現代の起源はどこにあるのか。1989年のベルリンの壁崩壊。1979年の5つの国（イラン，アフガニスタン，ポーランド，イギリス，中国）で起きた革命。それは人びとが社会を変える瞬間だ。私たちも時代に翻弄されながら，望ましい人生，良い社会を求める行動に参加する。

第一節　大きな変化の時代

●ブレグジットとトランプ

ＳＮＳの言葉や写真が飛び交う前から、人は群れをなして生活し、集団で同じ変化を感じている。バスや電車に乗って通勤・通学するときも、野球やサッカーを観るときも。戦争や大災害のような共通の経験は社会を変える。政治や経済は、休むことなく継承され変化してきた。今、私たちが生きる現代を、〈ブレグジットとトランプの時代〉とよぼう。

二つの事件はともに二〇一六年に起きた。ブレグジット Brexit とは、二つの言葉、イギリス Britain と出口 Exit、を合わせた造語である。二〇一六年六月二三日に、イギリスは国民投票で、ＥＵから離脱する、と決めたのだ。また、その年にアメリカでは大統領選挙が行われており、民主党の候補ヒラリー・クリントンが勝つと予想されていた。しかし、一一月八日の投票では、共和党の候補であるドナルド・トランプが当選した。

いずれの結果も、予想を裏切る、驚くべきことであった。それだけではない。起きるはずではないこと、起きてはならないことが、本当に起きたという感覚。勝者の側の、現実を無視した異常な高揚があった。ロンドンでは、イギリスがＥＵから独立したと祝ってシャンパンを開け、ワシントンでは、勝利を祝うはずの人びとが驚き、通りに出て叫び、不安に頭を抱えていた。

こうしたことが起きるのは、明らかに、普通ではない。何か、根本的に大きな変化が起きている、と多くの人が確信した。

●戦争、バブル、大震災、原発事故

その変化を正しく理解しなければ、あるいは、せめて変化を生み出すさまざまな力の源を、少しでも理解しようと努めなければ、私たちはいずれ後悔することになる。

日本がアジア各地で植民地支配と侵略戦争を拡大した時代（そして広島と長崎への原子爆弾投下、敗戦）。あるいは、地価と株価が異常に上昇し、日本がアメリカに代わって、あるいは、少なくともアメリカを助けてアジアと世界を支配する、と思い始めた時代。巨大な地震と津波によって東北沿岸が破壊され、福島の原子力発電所では炉心の溶融におよぶ重大事故が起きたが、それにもかかわらず、その後もなお、日本は原子力政策を転換しなかった時代。

今も、それらを正しく理解しているとは思えない。

第二節　キューバ革命からオバマ訪問まで

●キューバ革命とフィデル・カストロ

「時代を生きる」とは、どういうことだろうか?

筆者はキューバ革命の年に生まれた。たとえば、二〇〇〇年に生まれた学生たちは、「キューバ革命」をどのように感じるだろうか。カストロ議長と伝説の革命家チェ・ゲバラ*に指導されたカリブ海の革命。独裁者を追い出し、地主たちの搾取から農民を解放して、アメリカの経済封鎖に対抗するためソ連に協力を求めた。そして、社会主義政権を樹立した〔加茂(1973)九頁〕。そんな時代があった、と習ったかもしれない。

キューバは、アメリカのフロリダ半島からわずか一四〇キロ南にある島国だ。カリブ海域で最大の人口(一一四七万人)と日本の本州の約半分の面積を持つ。コロンブス以来、スペインがキューバを植民地化し、砂糖生産と奴隷貿易で栄えた。

一八九八年の米西戦争は、スペインからのキューバ独立戦争に対するアメリカの軍事介入であり、カリブ海からスペインなどヨーロッパの支配を一掃する戦争でもあった。四年後にキューバは独立したが、その際、アメリカ政府はキューバ憲法に修正(プラット条項)を求めた。それは、アメリカが必要とみなせばいつでも軍事介入できること、島の南東部グアンタナモ湾に米軍基地を設けること、などをキューバ政府が認めるものだった。

キューバ経済は、アメリカからの投資と砂糖のプランテーション**に大きく依存していた。第二次世界大戦の影響で世界の砂糖生産は落ち込み、国際価格が上昇して、好景気が続いた。しかしその後、汚職の蔓延、景気悪化と政治不安が高まると、バティスタ将軍がクーデタを起こし権力を握った。それに対して、独立と憲法を回復するという目標を掲げたが、反バティスタ運動は分裂し、鎮圧される。フィデル・カストロは、このとき、武力闘争を主張するグループを率いていた。

一九五三年、カストロと仲間たちは、キューバ東部のモンカダ兵営とバヤモ兵営を襲撃した。襲撃は失敗し、カストロたちは捕えられて、多くの仲間が殺された。カストロは裁判で、「歴史は私に無罪を宣告するであろう」という革命のための自己弁論を展開した。〔加茂（1973）九七－九九頁〕「われわれは人民をあてにできると確信している」。革命とは、人民のために独裁制を倒すことだから。革命には大義がある、とカストロは考えた。人民とはだれのことか。「移民することなく、職を得るこ

* エルネスト・ゲバラ。チェは俗称。一九二八年、アルゼンチンに生まれ、医学を学ぶ。南米を旅行し、グアテマラ革命を経験する。カストロとともにキューバ革命を指導。一九六七年、ボリビアで政府軍に処刑された。

** 熱帯、亜熱帯で、単一の農産物（コーヒー、砂糖、タバコ、綿花、ゴムなど）を世界市場向けに大規模に耕作する農園。しばしば外国資本と独裁政治、労働者の厳しい奴隷状態をともなった。

ともできない、キューバで正直な暮らしを立てたいと願っている六〇万人のキューバ人」、あるいは、

「みすぼらしい小屋に住み、一年に四か月を働くが、残りの期間は、一インチの農地もないまま、子供らとともに飢えて暮らす五〇万の農場労働者をさしている」。

われわれが人民というとき、退職金は奪い取られ、すべての福祉を取り上げられ、住居といえばアパートのひと部屋だけ、給料は使用者から金貸しへ横流れし、未来はといえば賃下げと首切り、生活は永劫に続く労働であり、唯一の希望は墓の中での休息という、そういう状態の四〇万の工場労働者を意味している。

モーゼが約束の国に対してしたように、自分のものでない土地に望みをかけながら、一生それを耕し、ついに自分のものにすることができないうちに死んでしまう、封建時代の農奴のように、土地の使用のために収穫の大部分を支払わねばならず、土地管理人が私兵とともに見回りに来て、出て行けというのを知っているので、土地を愛することも、杉やオレンジを植えて土地を改良したり美しくしたりすることもできない、そういった一〇万におよぶ小農民たちを考えている。

懲役一五年の判決を受けたが、その後、恩赦によってカストロはメキシコに亡命した。学生や労働者による反バティスタ運動が高まる中、一九五六年、カストロはメキシコから小舟で上陸し、今度はサン

ティアゴの兵営を襲撃した。これも反撃にあって敗退し、多くの死者を出しながら山岳地帯に逃れて、ゲリラ戦を続けた。カストロは次第に農民たちから支援を受けるようになった。

キューバに多くの投資を行っていたアメリカはバティスタ政権を支持した。しかし、独裁下で汚職が蔓延し、政府軍のカストロ掃討作戦は失敗した。アメリカ政府はカストロが決定的な勝利を得る前にバティスタを辞職させて、体制の継続をはかった。一九五九年一月一日に、バティスタはキューバから亡命した。

権力を獲得したカストロたちは、次第に、アメリカや外国企業と対立を深めた。特に、革命政権による農地改革法はアメリカ人地主の強い反対を生み、軍事的威嚇や経済封鎖を受けた。キューバ政府は穏健派を排除し、ソ連との関係を深めていった。アイゼンハワー大統領が亡命キューバ人たちへの軍事訓練を命じ、それを継承したケネディ大統領の下で、一九六一年四月、キューバ政府転覆をはかる軍事侵攻が行われた。キューバ軍がこれを撃退し、カストロは権力を強化したが、アメリカからの軍事的侵略を止めるため、ソ連の核ミサイルを求めた。世界は、ケネディとフルシチョフによる核戦争の勃発に至る深刻な危機を経験した。それがキューバ危機*である。

一九九〇年、ソ連崩壊はキューバ経済を大きく後退させた。二〇〇六年、カストロは高齢と病気のた

---

* 一九六二年、アメリカの偵察機がキューバにソ連が建設中の核ミサイル基地を発見。海上封鎖、偵察機の撃墜を経て、空爆も検討された。アメリカによるトルコ配備のミサイルと交換条件に合意し、ソ連が基地を撤去した。

めに首相の座を弟のラウルに譲り、二〇〇八年には国家評議会議長と軍最高司令官も引退した。二〇一三年、ソ連に代わってキューバに経済援助していたベネズエラのチャベス大統領が死去した。

●オバマ大統領のキューバ訪問

二〇一六年三月、アメリカのバラク・オバマ大統領はキューバを訪問し、社会主義国キューバに、友好的な形で関与する姿勢を示した。現職のアメリカ大統領としては、一九二八年にカルビン・クーリッジ大統領がハバナを訪問して以来、初めてである。オバマは、経済封鎖を時代遅れの冷戦思考とみなし、むしろ手を差し伸べることで、フィデル・カストロの弟ラウルが進める経済改革や市場開放を加速することができる、と考えた。

三月二五日、オバマ訪問に合わせて、ローリングストーンズがハバナで無料のコンサートを行った。約五〇万人が集まったという。イアン・ブルマは、「共産党独裁政権の下で暮らしてきた人びとにとってロックンロールが意味するもの」を正しく理解する必要がある、と書いた。ロックンロールは、資本主義的な退廃として禁止されていた。社会全体が、体制とその政治的主張に順応することを強いられる時代には、音楽は反抗の表現であり、東欧でも中国でも、秩序の監視人たちが躍起になって禁止した。

［ブルマ（2016）］

二〇一四年に、オバマ政権はすでに国交正常化の交渉を始めていた。貿易や観光において経済封鎖を徐々に緩和し、両国は互いに大使館を再開した。アメリカ政府はキューバをテロ支援国家のリストから外した。キューバとの和解がラテンアメリカにおける反米感情を緩和する、とオバマ政権は期待した。また、アメリカが裏庭とみなす中米・カリブ海域やラテンアメリカ諸国に、資源、エネルギー、食糧を求めて中国が影響力を拡大していることに、対抗する必要があった。

キューバ訪問は、オバマ外交に生気を取り戻させるイベントであった。オバマの外交チームは、シリア、イラク、リビアのように、多くの土地で好ましくない結果に苦しんでいた。キューバ国民の間で、彼らと同じ混血のアメリカ大統領、オバマの人気は、ラウルやフィデル・カストロよりも高かった。

さらに、キューバ政府は、コロンビア政府とゲリラ組織FARCとの和平交渉を助け、中米における麻薬ビジネスや長期の内戦状態を終わらせようとしていた。オバマは、キューバとともに、暴力、麻薬戦争、移民・難民がつながるラテンアメリカの苦境を、アメリカ外交として解決に導きたかった。それは、麻薬、犯罪、強姦などをメキシコからの移民のせいだと主張し、壁の建設を主張するトランプの姿勢とは、余りにも対極にある。

二〇一四年に、キューバ政府はマリエル特別開発区*（ZEDM）を建設し始めた。湾を浚渫し、コンテナターミナルを整備し、カリブ海のハブ港をめざしているが、なお、アメリカによる経済制裁などでコ

＊ 経済特別区（特区）、輸出加工区など、一定の地区を指定して、そこに立地する企業に対する関税や規制を緩和・免除し、投資や雇用を促す仕組み。

ストが高い[*]。

ローリングストーンズのヴォーカル、ミック・ジャガーは、キューバのファンにスペイン語で語りかけた。「ついに、時代が動き始めている」。

二〇一六年一一月二五日、フィデル・カストロは九〇歳で死去した。

第三節　ベルリンの壁崩壊後の世界

●ベルリンの壁が崩壊した

現在の世界秩序が生まれた年を挙げるとしたら、それは一九八九年だ、という人が多いだろう。ベルリンの壁が崩壊し、冷戦が終わった年である。

ティモシー・ガートン・アッシュは、ベルリンの壁が開いた瞬間、人びとが感じた新しい世界をこんなふうに書いた[**]。[Ash（1993）pp. 61-63]

一一月一二日、日曜日の朝、私は東ベルリン市民と一緒に、壁を通って、無人地帯を超えた。左には監視塔、右にはヒトラーの地下壕が見えた。とまどう境界警備兵たちは、手を振って通過させた。

週末には推定二〇〇万人の東ドイツ人が西ベルリンに殺到したが、彼らは静かな家族連れで、単に街を歩いただけである。しばしば乳母車に幼児を乗せていた。西ドイツ政府が東ドイツからの訪問者に提供する一〇〇ドイツマルク***（約三五ポンド）の「グリーティング・マネー（挨拶礼金）」をもらうために、彼らは銀行に行列した。それから、非常に用心して、買い物をした。一般的に彼らは、一つか二つ、小さなものを買った。おそらく、新鮮な果物、西ドイツの新聞、子供たちのためのおもちゃ。そのあと、キャリーバッグを握りしめ、静かに歩いて戻った。壁を抜け、灰色の、荒涼とした街を通って、自宅まで。

これがどれほど強烈な経験であったか、正確に描くことはむつかしい、とアッシュは書いている。ベルリンの市民がベルリンを歩くのは当たり前のことだ。しかし、三〇代後半の一人の男性は「二八年と九一日だ」と言った。一九六一年八月に、ベルリンの壁が築かれとき、彼の両親は映画を観に行った。

---

*　ＪＥＴＲＯのキューバに関連する情報。

**　私（筆者）が初めてベルリンを旅したとき、まだ、壁はあった。ベルリンの地下鉄に乗ると、東側の駅は暗く、閉鎖されていた。それでも地下鉄は駅ごとに停車し、扉は開くことがないまま、いくつかの駅を通過した。ついに西側の駅に着いたとき、人々の喧騒と光に向けて、扉が開いた。

***　当時の為替レートで、約七〇〇〇円。

しかし一一歳の息子は疲れていた。彼は、その日からずっと、西ベルリンに行けなかった。

家路につくだれもが同じように見える。西側のキャリーバッグに多くの話のタネを詰めている以外は。しかし、だれもがその内面は変化している。完全に変化したのだ。「今、人びとはまっすぐに立っている」。ひとりのホテルのポーターが言う。「彼らは本音を話している。仕事が楽しいとさえ思う。病院では、病人でさえベッドから起き上がるだろう」。

アッシュは、東ベルリンが魔法にかかった瞬間を、一九八〇年の秋に、ヨハネ・パウロ二世が訪問したとき、ポーランドが経験したものと同じだ、と書いた。普通の男女が自分たちの声と勇気を発見する。そのとき、どこかで天使たちが翼を広げた、と人びとは感じただろう [Ash (1993) p. 63]。

またエドワード・ルースは、当時、オックスフォード大学の学生だった。「東ドイツがチェックポイント・チャーリー*を開放し、ベルリンがつながった、と聞いた瞬間に、われわれは動いた。四時間後、われわれはドーバーからゼーブルッヘ**へ向かうフェリーに乗船していた。八時間以内に、何万人もの群衆、老人、若者、ドイツ人、外国人とともに、われわれ三人のボーイと二人のガールは壁を砕いていた」。

ルースたちは、この歴史的な蛮族の乱交パーティーに加わった、と書いている。「会ったこともない、この先、会うこともない人たちとの友情が生まれた。西ベルリン市民たちが私たちを抱きしめ、シャンパンのボトルを回し飲みした」[Luce (2017) pp. 3-4]。人びとはそれを進歩とよぶ。それは西側の宗教に近いものだった。「一九八九年、その裂け目は治癒した。西側の翼が膨らんで、寒さに震えるスターリン型の東側を統合することによって」。

●プーチン大統領と多極的世界

それから三〇年近く経って、ドナルド・トランプが選挙に勝ち、アメリカ大統領になった。ルースはモスクワで、「多極的世界秩序」***をテーマにした会議に出席していた。ロシア人は「アメリカ後の世界」をそうよぶ。ベルリンの壁崩壊を、一三〇マイル離れた東ドイツのドレスデンにあるKGB本部で、プーチンは観ていた。

二〇一六年のアメリカの大統領選挙では、西側ではなくロシアが祝福する番だった。アメリカは、壁が大好きな、プーチンを称賛する人物を、大統領に選んだのだ。ロシア側の主催者は、ウィーン会議****に

---

* ベルリンの壁の検問所を指す西側の通称。
** ベルギーの港。
*** アメリカとソ連が対峙した冷戦時代を二極、ソ連崩壊後のアメリカが支配する国際システムを一極、それが崩れたことを多極化とみなす。国際システムの構造を国際政治の安定性と合わせて論じる。
**** ナポレオン戦争の後、ヨーロッパの旧秩序を回復するため、一八一四年にオーストリア、プロシア、ロシア、イギリスが中心となって開催した。勢力均衡による平和を原理として確立。

言及した。それはナポレオン戦争の終結から第一次世界大戦の勃発まで、ほぼ一世紀の平和を維持した四大国による新しい秩序を築いた。イギリス、オーストリア、プロシア、そして最も重要なことに、ロシアがそこに加わっていた。

民主主義の必然性とか、アメリカの指導するグローバルな秩序とか、そんな話はもうするな。そうプーチンは示した。二〇一四年、プーチンはクリミア*を母国に併合した。オバマ政権の国務長官ジョン・ケリーは「二一世紀における一九世紀的な行動」として非難した。しかし、それがしばしば世界の現実である。二一世紀に、アメリカがイラクにしたことだ。そうモスクワは観ているし、北京、アンカラ、カイロ、カラカス、ブダペストも、西側の「進歩」という言葉に反発する。[Luce (2017) pp. 7-8]

彼らだけではない。西側の中産階級がグローバリゼーションの敗者になった。「取り残された人びと」は、既存の秩序やシステム、さまざまな政策を正当化してきた思想、エリートたちに、強い不信感を持つようになっている。

●サッチャー、レーガン、ホメイニの革命

一九八九年ではなく、一九七九年が旧秩序の解体と次の秩序の始まりだった。

一九七九年とその前後に、サッチャー＝レーガンの反ケインズ保守革命**、ポール・ボルカーのアメリカ連邦準備制度理事会議長就任、鄧小平による中国の改革開放政策、という三つの転換が起きた。特

に、マーガレット・サッチャーは、強い信念を持って、第二次世界大戦後の政治的コンセンサスを覆した。ボルカーのマネタリスト的な高金利政策は、インフレを鎮静化するためには不況と失業をもたらす金融引き締めが必要であることを再認識させた。〔ヤーギンほか（2001）〕

クリスチャン・カリルの本は、同じ一九七九年の五つの国（イラン、アフガニスタン、ポーランド、イギリス、中国）を挙げている。

一九七九年一月、イランのシャーが飛行機でアメリカに出国し、二月一日、ルッホーラー・ホメイニが亡命先のパリからテヘランにもどった。一九七九年、クリスマスに、ソ連のブレジネフと共産党中央委員会政治局は、新しい共産主義政権を守るためにアフガニスタン侵攻を決定した。

●ヨハネ・パウロ二世と鄧小平

一九七八年一〇月一六日、バチカンのシスティナ礼拝堂から上がる白い煙は、新しいローマ法皇が決まったことを告げただけでなく、それがポーランド人のヴォイティワ枢機卿だという点で大きなニュー

＊　一九五四年、当時のモスクワがソビエト連邦を構成する一つの共和国であったウクライナに移譲した。

＊＊　ジョン・メイナード・ケインズは、市場均衡を前提した古典派経済学を批判し、大量失業をなくす有効需要の維持を唱えた。マネタリズムはこれに反対し、物価を安定させる貨幣供給量を重視した。左派政権は完全雇用を重視し、財政赤字やインフレ高進を招いたが、保守政党がこれを批判して政権を奪った。

スになった。ヨハネ・パウロ二世となったヴォイティワは、祖国ポーランドへの帰還と、信者たちとのミサを願う。そして一九七九年六月二日、ワルシャワ空港に降り立った。「教皇は狭い通路に跪き、地面に口づけした」。〔カリル（2015）二六六頁〕

「ヴィクトリー広場の中央にはかつて巨大な十字架が建てられていた。この国では、過去四〇年間、キリスト教の象徴を公然と陳列することが禁止されていたのである。その場所で、教皇は推定一〇〇万人の会衆を前に野外ミサを行った」。一〇〇万人が歓喜の声をあげ、涙を流した。

パウロ二世が六月六日に、長く司祭として信者との関係を深めたクラクフを訪れたとき、政府は万全の策を講じた。大通りには何十台もの戦車を配置した。人びとは熱狂的に歓迎したが、国営放送は、依然として訪問の影響を最小限に食い止めようとしていた。日程の最終日、推定三〇〇万人の大群衆が教皇に別れを告げようとクラクフ郊外に集まった。* そのメッセージは「恐れるな」であった。〔カリル（2015）二七四、二七六頁〕

一九七八年一一月半ば、中国共産党中央工作会議が開かれ、華国鋒に代わって、鄧小平の「現実主義」路線が権力を握る。イデオロギーよりも経済を優先し、階級闘争をやめて、生活水準の向上に焦点を当てるときが来た。〔キング（2006）〕

カリルが挙げた五つの国で、何が始まったのか、一九七九年に、その後の姿を予想できた者はいなかったはずだ。

第四節　リー・クアンユーのグローバル国家

●リー・クアンユーが亡くなった

二〇一五年三月二三日に、シンガポールの指導者リー・クアンユーが亡くなった。FTの記事で、デイヴィッド・ピリングは、「キューバのカストロを例外として、一人の男（リー）の遺産として国家が描かれることはないだろう」と書いた。［Pilling（2015）］

一人当たり平均所得は、一九六五年の独立時、五一六USドルであったが、一九九〇年、リーが首相を引退するときには五万ドルを超えた。シンガポールは汚職を嫌い、効率性と秩序を重視するだけでなく、完璧主義、先見性、不寛容、そして、安全保障と清潔さを求めた、指導者リーの個性を強く反映した国家である。その権威主義的**な指導スタイル、高度に訓練された官僚制度は、政治的安定性をもたらした。

『回顧録』によれば、シンガポールの貧しさ、将来の困難を思い、独立を宣言した公の席で、ただ一

＊　ポーランドの人口は三五〇〇万人。

＊＊　民主主義的な議会制を取りながら、一部の集団や個人が議会や国民を無視して独裁的な権力を行使するような国家体制。非民主的な思想や運動、体制を総称することがある。

度だけ、リーは涙を流したという。

一九五〇年代、六〇年代、リーはスリランカからジャマイカまで、世界中のイギリス旧植民地を旅して、成功モデルを探した。そして、幸いにも、彼は異なるモデルを採用した。それはオランダの都市計画と土地干拓であった。同時に、石油・天然ガスの巨大企業ロイヤル・ダッチ・シェルの、企業経営の構造と、成長のシナリオを描く戦略思考であった。

リーは、植民地後の独立国家で最も成功したモデルを作った［Khanna (2015)］。アラビア湾岸の君主国家は、戦争や軍事クーデタ、石油価格の下落に弱い。アフリカ諸国は、植民地の痕跡を消すのにまだ半世紀かかる。インドはようやく統一して行動し始めたばかりだ。シンガポールだけが、一九六五年の五一六ドルから、現在の五万五〇〇〇ドルに、一人当たりGDPを増大させた。

チューインガムの吐き捨てに対する厳罰は有名だが、それ以上に、リーは自分に敵対する政治家、ジャーナリスト、出版社を許さず、投獄するか、破産させた。飲料水も輸入する国として、リーは安全保障にこだわり、スイスをモデルとし、イスラエル型の徴兵制も採用した。単なる民主主義的な政治ではなく、データに依拠した能力主義による統治を目標に掲げていた。今では、都市の渋滞緩和のため自動車に電子的に課金するシステムが、シンガポールから世界に輸出されている。

シンガポールに規律をもたらしたリーを、国民は愛するより、むしろ恐れた。『回顧録』にリーは、日本による占領の経験から、政府と権力について学んだ、と書いた。「日本占領の三年半は私の人生にとり最も大切な時期だった。私は、人間とその社会、行動の動機、衝動などについて生々しくその実態をかいま見ることができた。政府というものへの評価や、革命的変化をもたらす道具としての権力に対する理解などは、この日本占領期の経験がなければおそらく得られなかったと思う」*。〔リー（2000）上、五三頁〕

●シンガポールの成功

シンガポールは超富裕層の人口密度が世界一高い都市だ。アメリカに比べて二倍、貧困層から超富裕層に上昇する可能性が高い。二〇一三年に、スティグリッツは、アメリカもシンガポールのような公共住宅と年金制度を採用するべきだ、と称賛した。それは自由経営型の乳母国家である。しかし他方で、シンガポールがマネー・ロンダリング**や企業・富裕層のためのタックスヘイブンとなっていることについて、その姿勢を批判する声もある。〔Hesse（2013）〕

アジアで最高水準の金融センター、資産管理センター、大学・研究機関を整備した。しかし、不安は

＊　日本が犯した「ソック・チンの大量虐殺」（華人虐殺）、「慰安所」、「天皇崇拝の組織的教宣行為」、「尋問と拷問」についても、リーは厳しく書いている。

＊＊　資金洗浄。麻薬取引、脱税、贈収賄、粉飾決済など、犯罪行為に関わる資金の流れを隠すために行われる金融操作。そのための秘密口座と専門家のネットワーク、法律、制度を持つ国家や司法領域をタックスヘイブンという。

ある。移民流入に反対する運動、不平等の拡大、アメリカと中国との衝突。シンガポールの指導者たちは、歴史において、都市国家がいかに短命であったかを知っている。

「世界の指導者たちはリーを尊敬した。なぜならリーは地政学の天才であったからだ」。そして、こんな話を紹介する。かつてアメリカ大使は言った。「リー・クアンユーが小国の指導者で良かった。もしそうでなかったらどうなったか、とニクソンとブレジネフは抱き合って喜んだはずだ」。[(Mahbubani (2015)]

「シンガポールの過去の業績を総括しているときではない。絶え間ない警戒心がリーの個性であった。それこそ、シンガポールが彼に負うものだ」。

結び

●日本の高度成長

「時代を生きる」とは、どういうことだろうか?

日本がアジアの成長をけん引するモデルであった時代を、若い読者たちは知らないかもしれない。しかし鄧小平が市場を取り入れる改革を決断したのは、日本やシンガポールを旅して、その成長を知ったからだ、という。*[カリル(2015)一八二頁]

日本のＧＤＰ成長率は、三つの段階を追って低下してきた。** 「高度成長」の時代、日本経済は名目で二ケタの成長率が当たり前であった。それは、多くの国内要因、固有の制度や政策決定、政治的バランスと介入が生み出したモデルであった。同時に、その変化は、朝鮮戦争（一九五〇―五三年）と所得倍増計画（一九六〇年）、第四次中東戦争とイラン・イスラム革命による二度の石油ショック（一九七三、七九年）、プラザ合意***（一九八五年）による円高、国際協調を支持した日本銀行の金融緩和継続とバブル崩壊（一九九〇年）など、世界のダイナミズムと決して切り離せない、深い関係を示している。

一九七九年、エズラ・ヴォーゲルは『ジャパン・アズ・ナンバーワン――アメリカへの教訓――』を出版し、一九八九年、ビル・エモットは『日はまた沈む――ジャパン・パワーの限界――』を書いた。そして、*The Economist*****は、一九九八年九月、「失望をもたらす日本の驚異的な能力 Japan's amazing ability to disappoint」について特集記事を載せた。

---

*　ヴォーゲルも、日本の明治維新の歴史が中国の指導者たちに与えた強い影響を指摘している。［ヴォーゲル（2013）］

**　実質ＧＤＰ成長率は、平均で九・一％（一九五六―七三年度）、四・二％（一九七四―九〇年度）、一・〇％（一九九一―二〇一八年度）。また、名目では高度成長期に平均一五・七％であった。

***　一九八五年に開催されたＧ５（先進五か国蔵相・中央銀行総裁会議）で、アメリカのベイカー財務長官を中心に、ドルの為替レートを協調介入で調整することに合意した。急激なドル安・円高が進む。

****　ロンドンで一八四三年に創刊されたビジネス・エリートのための週刊誌。穀物法の撤廃を推進し、それ以来、世界各地の政治経済変化とその背景を自由主義の視点で伝える。以降は「エコノミスト誌」と表記。

●フロンティアを拓く

私たちの多くは、カストロやリーのような、国家を建設し、歴史を変える指導者にならない。しかし私たちも、ある組織された力の下で生き、誕生から死の瞬間まで、その文明の水準により可能な生活のあり方について、葛藤しながら、挑戦し続け、フロンティアを切り拓こうとする。それは、世界を動かす偉人たちと何ら変わらない。

これはひとつの冒険の試みである。人びとがブレグジットとトランプの時代と呼ぶようになったこの時代に、新しい世界を生きるため、私たちは想像力によって飛躍し、異なる場所やできごとを結びつける。それは時代を描き、発見する試みだ。

一九七九年に、世界の秩序は大きく変化し始めたが、そのことに気づいた者がいただろうか？二〇一九年に、エドワード・ルース、イワン・クラステフ、パルタ・チャタジーの本を読んで、この本を書こうと考えた。多くの事例は、主に、エコノミスト誌の記事から紹介する。

第2章❖ブレグジットは起きた！

イギリスは何のためにEUを離脱するのか。ブレグジットが本当に起きたことを理解するため，このモンスターが地上に現れた意味を考える。EUの三重の危機。国民投票における二大政党の権力闘争。エリートや専門家に向けられた激しい怒り。真っ赤な嘘。異なるアイデンティティーによって分断された社会では，民主主義が機能しない。グローバリゼーションにおいて「主権」を取り戻すとはどういう意味か。どのような政治なら答えを出せるのか。

第一節　ブレグジットとは何か？

●庶民への影響

ブレグジットとは何か？　ＥＵ離脱によって何が変わるか*。

休暇で旅行するイギリス人には、ポンドの価値が減少して、より多くコストがかかるだろう。投票直後、旅行会社はオンライン予約業務を停止した。そして、一時的に顧客の外貨購入に一人当たり一〇〇〇ポンドの上限を設けた。ヨーロッパの旅行にビザはまだ必要ない。しかし離脱後は、空港や国境の入国審査で「ＥＵパスポート保持者」ではなく、「その他のパスポート保持者」の列に並ぶ必要がある。

住宅購入予定者には、将来への不安によって契約を控えるケースが増える。その結果、住宅価格は下がるだろう。ロンドンの不動産開発業者は、離脱に関する特別な条項を加えて購入者を求めている。他方、ポンドの価値がこの先も減るなら、海外の投資家にとっては購入のチャンスである。ロンドンの高級住宅地などで、「ブレグジット・バブル」が起きると予想する業者もいる。特に、ドルで取引する中東やアジアの投資家が買いそうだ。

住宅モーゲージ**はどうなるか。イングランド銀行の金利は、ポンド防衛のために引き上げられた。

一〇万ポンドのモーゲージ（住宅を担保とした融資）に対して、金利が〇・五％上昇すると、そのコストは四四九ポンドから四七四ポンドに上昇する。しかし、金融危機を抑える流動性供給によって、金利が低下すれば住宅市場の需要も回復する可能性がある。

ガソリン価格はどうか？　ポンドの下落はガソリン価格の上昇を懸念させる。しかし、投票の直後には下落した。株価はどうか？　世界の主要市場がブレグジットを受けて、東京市場の七％下落に始まり次々に下落した。しかし、年金は大丈夫だ。資産のおよそ半分しか株式で保有していないから。短期的には、市場の動向を見守り、あわてて売らない方が良い。しかし、長期的には、イギリスの成長が衰えるのは明らかで、株価にも影響するだろう。

雇用は大丈夫か？　それはこの先、不況が起きるかどうかによって変わるだろう。多くの国際機関や政府が不況になると警告していた。後から見れば、直後の不況は避けられた。大規模な資本流出がなく、金融緩和とポンド安、世界の景気回復によって、イギリスは不況の回避に成功した。

影響は業種によって異なる。ＥＵとの取引が多い分野は最も影響を受けるだろう。すなわち、金融サービス、旅行業、自動車産業がそうだ。また、国際的な企業はイギリスに拠点を置かなくなる。ブレグ

＊　*The Guardian* やＢＢＣ日本語版参照。

＊＊　住宅ローンを貸し出した銀行は、この債権を証券発行体に売却する。発行体は投資家向けにモーゲージ証券を発行する。多くの住宅ローン債権を集めて、証券の信用力や格付けを上げる。

ジットで不況になれば、国際企業の雇用が減り、失業したイギリス人がEUに行って仕事を見つけることもむつかしくなる。

離脱派は、移民が雇用を奪っている、と主張し、移民が来なくなればイギリス人はUK内で雇用を得やすくなる、と訴えた。確かに、大卒者は、EUから雇うのがむつかしくなるため、企業がUK国内で探すだろう。しかし、多くのヨーロッパからの移民たちは、ロンドンのカフェや地方の野菜畑で、最低賃金の仕事に就いている。彼らがいなくなって、その代わりにイギリス人が働くには、消費者として商品やサービスにより高い価格を支払うか、あるいは、こうした店が閉店するしかない。イギリス人を雇う場合、より高い賃金を要求するからだ。

●モンスターの投票日

二〇一六年六月二三日のイギリスの天気はところによって雨だった。予想のつかない大接戦となったため、天気とサッカーの試合によっては、投票結果が違ったかもしれない。投票用紙には、「イギリスはEUにとどまるべきか、あるいはEUを離脱すべきか」と書かれていた。

国民投票に反対する理由をきいたオリヴァーに、キャメロン首相は答えた。「まだ見ぬ悪魔を解き放つことになる」*。結果からみて、その予感は正しかった。風刺画はそれを示している。

投票の結果は、投票率七二・二%で、離脱（Leave）支持が五一・九%（一七四一万人）、残留（Remain）支持・ブレグジット反対が四八・一％（一六一四万人）であった。**

●分断された投票結果

投票結果には、いくつかの分断が見られた。

イングランドでは離脱派が五三・四％だが、スコットランドでは三八・〇％、北アイルランドも四四・二％しか離脱を支持しなかった。イングランドにおいても、ロンドンは残留派が多数五九・九％を占めた。最も高い比率で残留を支持した一〇投票区の中で、七つはロンドンにあった（ランベス、ハックニー、ハーリンゲイは七五％を超える残留支持）。年代別では、四五歳以上が離脱を支持した。他方、一八―二四歳の若者たちの七三％は残留を支持し、離脱を支持したのは二七％だけであった。

残留キャンペーンを指導したキャメロンは辞任し、イギリス独立党（ＵＫＩＰ）のファラージ党首は「独立記念日」を祝ってシャンパンを開けた。イングランド銀行のマーク・カーニー総裁は、金融市場に十分な通貨を供給すると語った。労働党のジェレミー・コービン党首は保守党政権とその財政緊縮策を批判し、スコットランド国民党（ＳＮＰ）のニコラス・スタージョン党首は、ＥＵに残るため、分離独

＊　オリヴァー（2017）二四頁。クレイグ・オリヴァーはキャメロン首相の政務広報官であった。

＊＊　https://www.bbc.com/news/politics/eu_referendum/results　さらに詳しい結果は、"EU Referendum: The Result in Maps and Charts," BBC NEWS 24 June 2016 (https://www.bbc.com/news/uk-politics-36616028)。

ブレグジットは，人びとの怒りや不満が生んだ怪物である。政治家たちは勝手な理由で育て，地上に出して，町に放った。怪物の心を理解することは難しい。（“KAL's Cartoon,” *The Economist,* Jun 30, 2016）

立に関する住民投票を再び行う可能性に言及した。

●怒りと無政府状態

国民投票の結果を受けて、翌週、離脱に反対してきたエコノミスト誌の表紙には、UK国旗をプリントした男性下着が、白旗として掲げられた。タイトルは、“Anarchy in the UK”「イギリスは無政府状態」である。

「ブレグジット推進派の多くは楽観論で運動した。EUを出れば、イギリスは自由になって世界に開かれる、と。しかし、彼らの勝利が確立したものは、怒りであった」。イングランドの衰退した諸都市が怒りを刺激された。移民を嫌い、グローバリゼーションを嫌い、リベラルな価値観やフェミニズムを嫌う、すべての不満がＥＵ反対につながった。この勝利が怒りの公認とみなされれば、町中で人種差別的な行動を引き起こすことが懸念された。

西側民主主義のいたるところで、多くの人びとが怒っている。もし主流の政治が彼らの声を聴かないのであれば、彼らは主流派を見捨てる。もしグローバルな秩序が彼らの利益にならないのであれば、グローバリゼーションも、それがもたらした繁栄も、崩壊し始める恐れがある。ブレグジットはそのリスクの深刻さを示した。

●歴史家の見た反動

専門家の分析を軽蔑し、製造業が大きく破壊される恐れがあるにもかかわらず離脱を推進した政治家たちを、歴史家サイモン・シャーマは批判した［Schama (2016)］。ＥＵの決定を民主的ではないと非難することも、主権や移民が問われたという主張も、間違いだ。アメリカやヨーロッパに広まる極端な愛国主義、自国に生まれた者を優先する思想（ネイティヴィズム）は、グローバリゼーションへの反動としてアイデンティティー*を強調する「社会的病理」である。「開かれたイギリスと閉ざされたイギリスの選択だ。外向きと内向き、過去と未来の選択であり、二五歳以下の若者たちは圧倒的に残留を望む」。

＊　自己同一性。アイデンティティー・ポリティクスでは、階級や政党の対立より、人種、民族、宗教、性差、障害などを社会的差別や不公正の原因として重視し、政治的な集団化・動員に利用する。

●イギリスから見た国際政治

ＦＴのギデオン・ラックマンは、ＥＵが機能していないという主張は正しいし、移民や主権を強調する者すべてが人種差別主義者ではない、と考えた。しかし、国民投票で離脱が決まれば、容易に後戻りできないだろう。離脱を避けるべき強い理由がいくつかある。

ＥＵ単一市場へのアクセスを失うこと。その後の通商条約に関する交渉過程で、民主主義の共同体内に分裂と怒りが増大すること。さらに、世界情勢には暗雲が広がっている。中東の秩序が失われ、ロシアとは軍事的緊張が増している。アメリカは人種差別的なデマゴーグで大統領選挙が混乱し、権威主義的な中国がアジアの支配的な大国になりつつある。このようなときに、イギリスはＥＵで発言する席を失い、ＥＵの解体を叫ぶ者たちの仲間となる。それはナショナリスト、レイシスト、権威主義者、極右・極左の勢力だ。憎悪と暴力を好む、政治の暗黒がイギリスにも広がるだろう。［Rachman (2016a)］

他方、同じＦＴのウォルフガング・ムンヒャウは、イタリアやスペインと違って、イギリスはＥＵの重要政策に参加してこなかった、と指摘した。イギリス企業や銀行にとって、重要なのは単一市場である。「もし残留派が勝てば、イギリスはＥＵ内のアウター・サークルにとどまる。離脱派が勝てば、ＥＵ外のインナー・サークルに入る」。それは大きな違いではないだろう。［Münchau (2016b)］

残留派が「経済的利益」（あるいは、離脱の経済的損失）を訴えたことは失敗だった。グローバリゼーションに対抗する、ヨーロッパ的な社会民主主義を訴えるべきだった。*

●経済学者の視点

アメリカのノーベル経済学賞受賞者マイケル・スペンスによれば、この数十年間、「強制的な構造変化のコストと利益」という意味で、グローバリゼーションとデジタル技術の進歩が雇用や所得を両極分解してきた。その結果、豊かな開発諸国の中産階級に大きな圧力がかかったのだ。それは経済学ではなく、ガバナンス**の問題である。一国でも、EUでも、効果的で包括的な自治の実現はむつかしい。[Spence (2016)]

FTの主任エコノミストであるマーチン・ウルフと、アメリカのシンクタンク所長アダム・ポーゼンは、投票直前に訴えた。EUを移民で判断してはいけない。移民はもっとうまく管理できる。ユーロをEU加盟国のすべてが使用するのは間違いだ。しかし、たとえEUを離脱してもユーロの影響は免れない。むしろEUにとどまって、その改革を求めるべきだ。[Wolf (2016a) ; Posen (2016)]

離脱派が、シンガポールやスイスのように自由な金融取引で繁栄できる、というのは間違いである。人口六〇〇〇万人のイギリスが、五六〇万人のシンガポール型の発展をめざしても、国民全体の成長モ

---

* 刺激的な言説、デマ、詭弁を弄し、民衆を扇動する者のこと。しばしば虚偽の情報や偏見、激情を利用し、民主主義を破壊する政治家を非難する意味がある。

** 法的強制力を持つ国家・政府とは区別した、統治(術・システム)の問題を意味する。企業や社会組織、集会なども、規模は違うが、参加者の意思決定、全体の運営方法、資金の管理が必要になる。

デルにならず、そのような政策はグローバルな金融市場に混乱をもたらす。

第二節　ブレグジットはなぜ起きたのか？

●歴史的なダイナミズム

歴史的な事件では、多くの異なる力学が同時に作用し、ある種の突然変異や、化学変化の過程が連続して起きる。

ブレグジットを実現した力学を、五つの視点から考える。すなわち、①ＥＵの三重の危機が懐疑論者たちを離脱に向かわせた。②国民投票を認めたこと、その背景として、イギリス主要政党の内紛と権力闘争があった。③専門家・官僚・政治エリートへの不信感が強かった。④金融危機とその後の緊縮財政が社会を分断した。⑤イギリスもＥＵもアイデンティティー政治に翻弄された。

【視点①】ＥＵの三重危機

ＥＵを苦しめた三重の危機とは、第一にユーロ危機・ギリシャ債務危機、第二にロシアによるクリミア併合、ウクライナ東部への侵攻、第三に難民危機、特にシリアからの難民である。

ＥＵが深刻な危機に陥ったことは何度もあった。統合の初期には、むしろ危機によって加盟諸国の政治統合が進むだろうと理解されていた。しかし、ＥＵの拡大*とユーロの導入は、ＥＵの政治的危機の性格を変えた。

二〇一〇年、ユーロ危機**では、ギリシャ債務危機についてのトロイカ（ＩＭＦ・ＥＣＢ・ＥＵ）による「救済融資」をめぐって、厳しい批判と論争があった。ＥＵとユーロ圏にはさまざまな問題が指摘されていた。しかし、具体的な改革は容易に合意できず、政治家たちは行動しなかった。危機を繰り返して、改革に向けた政治的合意を最後の瞬間に形成したが、それらはあまりにも遅く、不十分なものだった。

二〇一四年、ロシアはクリミア併合を行い、その後、ウクライナ東部を偽装した形で侵略した。また二〇一五年には、シリア内戦の激化と難民危機が生じた。ドイツのメルケル首相は、難民の受け入れを決断したが、その後、ＥＵ内からの反対だけでなく、国内でも政治的支持を失い、その制限に転換した。

二〇一六年のイギリス国民投票は、こうしたＥＵの危機と迷走に並行していたことで、離脱派が有利になった。

【視点②】国民投票、二大政党制

＊　特に、一九八九年、ベルリンの壁崩壊後、中東欧諸国の民主化と経済自由化の過程を、ＥＵが指導して安定化するために、二〇〇四年、ポーランド、ハンガリーなど、一〇か国がＥＵに加盟した。
＊＊　一九九九年、一一カ国で導入された共通通貨ユーロは、マーストリヒト条約で、欧州中央銀行（ＥＣＢ）が加盟国政府を救済することを禁じた。政府債務危機でギリシャは救済融資の厳しい条件をのむ。通貨統合しながら、財政は統合せず、銀行の規制・監督や預金保険制度が分断されたままであった。金利や為替レートによる調整を奪い、財政赤字に上限を設けたことで、マイナス成長や高失業率を強いた。

国民投票に決定をゆだねることは、混乱した議論を最終的に終わらせる魔法の儀式ではなかった。それは民主主義の失敗であった。「共和制に対するロシアン・ルーレット」になった。[Rogoff (2016)]

国民投票は、デイヴィッド・キャメロンの政治戦略でもあった。二〇一五年の総選挙を前に、保守党内のEU懐疑派をなだめるため国民投票の実施を約束した。

「キャメロンが勝利すれば、彼は保守党を復活させた魔法使いとして、また、二つの同盟を守った英雄として記憶される。すなわち、イングランドとスコットランドとの同盟UKと、欧州との同盟EUである」[Ganesh (2016)]。しかし敗北すれば、ブレグジットのほかは何も記憶されない。

労働党は、スコットランドの住民投票*で政府とともに独立反対の運動を展開した。しかしその結果、有力な支持基盤であったスコットランドから労働党の議席は独立派により一掃された。ジェレミー・コービンはこのことを忘れなかった。

二〇一五年の総選挙で労働党が敗北し、エド・ミリバンドが辞任した後、労働党の党首選挙に若者たちが積極的に参加し、左派のコービンを党首にした。議会の労働党代議士は多数がコービンに反対したが、コービンは中道から左派の立場に労働党を転換した。財政緊縮策による公務員や公共サービスの削減によって痛めつけられた貧しい人びとが政府の方針に反対すると考えたからだ。

【視点③】エリート、専門家への反発

ほとんどすべてのエコノミストや専門機関が、EU離脱による大きな損失を予測した。キャンペーンにおいて離脱派は、政府が残留の理由として示す予測データを「恐怖作戦」と呼び、激しく非難した。むしろ、イギリスはEU離脱によって成長できる、と主張した。

投票の直後に、ポール・クルーグマンが、問題は政治である、と書いた。情念とデマゴギー、専門家・官僚・政治エリートへの強い不信感が、離脱を選ばせた。ウルフも、理性ではなく情念がブレグジットを決めたと考えた。「真っ赤な嘘」が勝利した。［Krugman（2016）; Wolf（2016b）］

保守党政権と党の内部で、残留派と離脱派が分裂し、公然と互いを攻撃していた。その結果、政府の容認する形で、離脱派は根拠のない主張やデマゴギーを拡散し続けた。

新聞業界も離脱派が多かった。またBBCは、公的な立場から、一方に偏った報道をしなかった。その結果、残留派の主張に必ず離脱派の意見を並べて紹介した。マイナスの経済予測を報道しても、繰り返し離脱派は公然と否定した。

対立する論争は、政治とエリートへの失望、専門家への軽蔑、疎外感を人びとの間で強めた。

【視点④】世界金融危機と緊縮財政

保守党政権、オズボーン蔵相の財政緊縮策が離脱の原因に挙げられる。政府や官僚制度は、国民の生活を守ること、経済成長を維持し、技術革新を取り入れることを放棄した。

＊ 二〇一四年に行われた。スコットランドは一七〇七年にイングランドとの連合王国となったが、一九九九年、独立の議会を設置。北海油田の利権やロンドンへの権力集中が問われた。結果は独立を明確に否定した。

国民投票の直後に、ローレンス・サマーズは、グローバリゼーションの逆転を阻止するため、財政刺激策を国際協調して速やかに実施するべきだ、と主張した［Summers（2016）］。ロンドンとその後背地との間で、政府は成長を政治的に再分配することに失敗した。

金融危機がなければ、ブレグジットにつながる社会的分断は政治的危機に転換しなかっただろう。金融グローバリゼーションへの反発が広まっていたため、移民やEUは不満や憎しみの標的になった。労働者たちは、保守党政権、オズボーン蔵相の財政緊縮策に怒っていた。ロンドンから離れた土地の、高齢者、年金生活者も怒っていた。彼らは、グローバリゼーションを支持した労働党にも怒った。

金融危機後、支配的な政党は大衆の支持を失った。ロンドンの独立も含む、政治・経済の分裂状態が警告された。［Stephens（2016）；Khanna（2016）］

【視点⑤】アイデンティティー政治、ノスタルジー

反発型のナショナリズムから破壊的なポピュリストに向かう人びとを、建設的な政策によって吸収する政党が必要であった。しかしリベラリズム・多文化主義への反発、ナショナリズム・国家主権への空想的な期待、島国と帝国の矛盾したアイデンティティーが、政治を翻弄した。

人びとが主権にこだわっているのは、イギリスの、特にイングランドの人びとが、この国が何であったか、何になりえたか、なりえるか、と考えるからだ。かつて独立した、難攻不落であった「島」が、その自律性を失って、顔のない官僚たちのごった煮によって支配されている、という話を、政治家たち

が共謀して創り出した。［Younge（2019）］

「ここは私の国であり、『彼ら』がめちゃくちゃにするのを私は望まない」。こうした話に出てくる「彼ら」の中身は変化する。移民であったり、ブリュッセル（EU本部）であったり、外国企業であるだろう。それが「われわれ」ではないと、「われわれ」だけがわかる。

こうした話の思い描く過去は神話である。戦争を自慢する人びとは、同盟諸国なしにイギリスは勝利できなかった、ということを忘れている。帝国を描く人びとは、野蛮な支配無しにそれが維持できなかったことを忘れている。

国家は成長し、国境は移動し、アイデンティティーも変化する。イギリス王室はドイツ人だ。われわれはインド料理を好む。イギリスで生まれる赤ん坊に最も多く付けられる名前はムハンマドだ。

われわれの政治的な主権は、ブリュッセルではなく、もっぱら国際資本が制約している。あなたはこの制約に対して「離脱」を投票できない。EUから出たわれわれは、単に国際資本に対抗する力を減らすだけであって、より独立するわけではないのだ。［Younge（2019）］

＊　首都を含む広域行政区、グレーター・ロンドンとなった。初の市長は労働党左派のケン・リヴィングストン。二〇〇八年からボリス・ジョンソン（その後、離脱派の首相となる）。二〇一六年からは、EU加盟諸国の首都における初のイスラム教徒、パキスタン系のサディク・カーン。

●ブレグジットは起きた

これら五つの視点が重なって、ブレグジットは地上に現れた。

移民の増加は、確かに重要な争点であった。キャメロン政権、オズボーン財務大臣による財政緊縮策により公共サービスが低下し、それを移民や難民のせいだと人びとは誤解し、あるいは、そのようなケースを強調する者がいた。

国民投票の力学では、分裂した残留派より、現状に批判的な、不満を吸収する離脱派の方が有利だった。保守党のキャメロンも、労働党のコービンも、党利党略を優先した。キャメロンは、まさか負けるとは思わなかった。コービンは若いときから、権力の集中するEUを嫌うオールド・マルキスト*であった。またコービンは、保守党政権に有利に働くような協力姿勢を拒んだ。

労働者たちは緊縮策による不況で失業や低賃金を強いられ、国民投票で政府への批判を表明した。中小都市や地方の有権者も、ロンドンのエリートや金融ビジネスに反発し、グローバリゼーションによる格差拡大に反対だった。若年層は、UKに縛られるよりEU市民であることを好んだが、投票所に行かず、高齢者は大英帝国の歴史やアイデンティティーを重視した。ヨーロッパ大陸の政治的混乱だけが目立った。人びとは、イギリスが大陸から隔絶し、むしろ孤立する（独立や自由を得る）方が良いと考えた。

若者、高等教育を受けた者、多文化的で、金融ビジネスが集中したロンドンの居住者は、EUに未来を見ていた。他方、老人、低学歴の、衰退する工業地帯に住む労働者、地方の住民は、現在の状態に強い不満があった。彼らは、もっと繁栄した時代を懐かしむ気持ち、「ノスタルジー」に染まり、もっと影響力のあった（理想化された虚像の）イギリスを取り戻したかった。

●サンダーランド工場とキャベツ畑

イングランド北東部のサンダーランドで、ニッサンの自動車工場は七〇〇〇人を雇用するが、その自動車の半分以上がヨーロッパに輸出されていた。しかし投票では、六一％がブレグジットを支持した。有権者は、経済への影響を投票で気にしなかった。漁業の規制やEU官僚の高給が議論の焦点であった。皆が政府の出す「恐怖をあおる」報告書にうんざりしていた。コーンウォールに移民は少なかったが、他の地域から来ることを恐れた。郷土愛から、有権者たちは離脱をエリートへの罵倒とみなした。

リンカンシャーのボストンでは、投票の七六％がブレグジット支持であった。明らかな理由は、EUからの移民労働者が多いことだ。広大なキャベツ畑で働くのは、ポーランド人やリトアニア人である。市場で人びとがEU離脱について話すとき、必ず移民の話になった。パブでよく聞く話は、高くなっ

＊ 旧世代のマルクス主義者。労働党は一九〇〇年に発足し、第二次世界大戦後、政権を握って社会福祉を拡大した。一九七八年、厳しい不況とストライキへの不満から、マーガレット・サッチャーの保守党に敗れた。一九九七年に、トニー・ブレアは「ニュー・レイバー」を唱えて勝利し、金融業界とも積極的に協力した。コービンは、労働組合に依拠した旧い労働党の復活をめざした。

た家賃、混み合った病院や学校への不満である。犯罪の増加、危険な運転。それはイギリス独立党UKIPの主張に重なる。EU統合の利益を十分に受けないまま、彼らはその重荷を負うよう強いられた、と感じていた。

●ロンドンの金融ビジネス

金融ビジネスの重要性を、離脱派は無視した。ロンドンには二五〇行の外国銀行、二〇〇社の外国法律事務所が所在し、それらの取引がもたらす雇用は七三万人に達する。EU諸国は企業の「パスポート」(EU内移動)を認めているから、EU加盟国ならどの国の企業も他の二七か国でビジネスができる。今はEU内外から来た銀行がロンドンを第二の本社として活動している。ゴールドマンサックスは、ヨーロッパのスタッフ六五〇〇人の内で、六〇〇〇人がロンドンで働く。フランクフルトは二〇〇人だ。投票結果を受けて、すでにオフィスの移転が始まった。

ロンドンはユーロ建の債券取引で中心を占めてきた。ユーロ金利スワップ*の取引の七〇%はロンドンで成立している。それはフランスやドイツの四倍だ。しかし以前から、ECBはユーロ圏の外で金融危機が起きても流動性を供給することはない、と警告してきた。

ブレグジットは、ロンドンがITと金融とを融合したフィンテックの分野を開拓する意欲を殺ぐ。中国の人民元が国際化する中でその取引をオフショア市場として扱うこと、そしてロンドンと上海の証券取引所の連携にもマイナスに影響するだろう。

●拡大する文化的、情緒的分断

深刻な分断が起きていた。それはコストとベネフィット以上に、二つの文化的、心情的な分断だ。ブレグジットを支持した五二％の投票者が示したのは、ノスタルジア（懐古）と、安定した、よく知った世界への渇望であった。多文化主義に反対し、社会リベラリズムに反対し、フェミニズム、環境保護、インターネット、資本主義に反対して、EUからの離脱に投票した。離脱派は専門家や政治家を信じず、UKについて決めるのはUKであるべきだ、と信じた。多くはより高齢の、より貧しい、平均以下の教育しか受けていない、地方に住む人びとだった。彼らの住む地区を「離脱の国 Brexitland」と呼ぶことができる。

他方で、EU残留に投票した人びとがいる。その中から四〇〇万人が国民投票のやり直しを請願した。彼らは若く、資格を持ち、社会的にリベラルな、グローバル秩序を信頼する人びとだ。彼らはロンドンと、刺激的なダイナミズムを共有する他の諸都市、ブリストル、マンチェスター、ケンブリッジなどに集中している。それらを「ロンドニア Londonia」と呼べるだろう。

＊　固定金利ローンの返済と変動金利ローンの返済を、当事者が合意によって交換する。金融派生商品（デリバティブ）の一つ。市場が混乱したとき、ユーロを供給できるのは中央銀行ECBである。

UKは、二つの文化・国家に分裂した。

第三節　ブレグジット後の政治

●衝撃を緩和し、危機を回避せよ

国民投票後は、時間の経過につれてブレグジットのコストが低下する、とエコノミスト誌は考えた。ヨーロッパの指導者たちは、反抗的なイギリスとの交渉を急がない。それゆえ、リスボン条約五〇条*による離脱手続きの開始を、イギリス政府はできるだけ先に伸ばすべきだ。ルールを重視するドイツのアンゲラ・メルケル首相も、たとえば、移民の一時的な緊急制限を、妥協案として、ブレグジット交渉の材料に使いたいだろう。なぜなら、彼女も次の選挙で移民への対応を有権者に問われるからだ。

イギリス政府には、ノルウェー型**の単一市場アクセスを重視するタイプから、反対の極端なタイプ、すなわち、EUの財政負担に協力せず、人の移動も完全に独自に管理する、という方針まで、さまざまな交渉の可能性があった。さらに離脱は、北アイルランドの紛争を終わらせた一九九八年の合意の条件を損なう恐れがあった。二〇年におよぶ内戦状態が再現することは避けねばならない。

いかなる意味でも、離脱キャンペーンを指導した政治家たちが、EU財政負担に関する虚言と、トルコの加盟による移民の大軍という幻想を振りまいた罪は重く、彼らに次の首相候補の資格はない。離脱に投票した有権者たちは、ブリュッセルの交渉で、幻想ではなく、現実との妥協が必要なことを認めるしかない。

離脱派がブリュッセルと合意に達するとしても、それは離脱派の約束とはかけ離れたものになる。それゆえ、総選挙するか、二度目の国民投票、あるいは、その両方によって、ブレグジットそのものが断念される可能性があった。

もし経済の悪化が数か月続き、不況によって移民流入が減少するなら、イギリスの有権者は、移民問題、経済成長、ヨーロッパにおけるイギリスの位置について、異なるバランスで考えるようになるだろう。不格好な、屈辱的な、しかし、歓迎すべき「イギリスの逆転」(ブレグジット中止)という可能性も無視できないものだった。[Ash (2020) も参照]

＊ 二〇〇五年に欧州憲法条約の批准が否決された後、二〇〇七年六月、欧州理事会で新条約の枠組みに合意。基本条約の修正として一二月のリスボン欧州理事会で調印。第五〇条はEUからの離脱の権利と手続きを定める。離脱に向けた手続きは、当該国が欧州理事会に離脱を通告することで始まり、二年後、EU条約が適用されなくなる。

＊＊ ノルウェーは、EUに非加盟、単一市場も不参加。しかしEUと協定に合意し(農業・漁業を除く)単一市場のアクセスを享受する。ただし四つ(人・物・資本・サービス)の自由や財政負担義務を受け入れ、EUの政策決定に公式には参加できない。

●EU側のポピュリストたち

ブレグジットの問題は、ヨーロッパ大陸全体にも起きていた。フランスの国民戦線（FN）党首マリーヌ・ル・ペンはブレグジットを決めた投票を「ベルリンの壁崩壊以来、われわれの大陸で最も重要な歴史的事件だ」と述べた。これまで増大を続けたEU加盟国の数が、初めて減少するからだ。

EU指導者たちは二つの問いに直面していた。イギリスに続く国が出るか？　その場合、EUは崩壊する恐れがある。EU加盟諸国がまとまり、ブレグジットを封じ込める必要があった。そして、もう一つの問いは、EUに必要な改革とは何か？

EU側の懐疑論者はブレグジット推進派と多くの点で共通した感覚を持っていた。特にフランスでそれは顕著だ。グローバリゼーションに反対し、EUを民主的でなく傲慢だ、と感じている。EUの推進した開放性は外国人を増やしすぎた。その結果、自分たちの仕事、便益、アイデンティティーが奪われた、と。ル・ペンは、極右の、人種差別的な運動であった国民戦線（FN）を、左右の主流派政党に代わる選択肢として示すことに成功した。移民、アイデンティティー、国家主権がFNのテーマである。

イタリアでも、EUにおける改革を推進する中道左派のレンツィ首相が、憲法改正の国民投票に挑んだ。しかし、反EUの左派「五つ星運動＊」が、そのときすでにローマとトリノの市長選挙で勝利していた。また右派の北部同盟（その後、同盟）はユーロ圏を離脱する国民投票を主張していた。国民投票で憲法改正に失敗したレンツィが辞任した後、左右のポピュリスト政党が、反EU、反緊縮のポピュリスト連立政権を実現した。

●メルケルの計算

ドイツやオランダでも、ＥＵや移民、イスラム教、ＥＣＢに反対する右派勢力が支持を拡大していた。オランダの自由党とその指導者ヘルト・ウィルダースや、ドイツに現れた「ドイツのための選択肢（ＡｆＤ）」は、ユーロ圏に反対した。彼らは政権に参加しなくても、そうした主張が有権者の意識を変え、政権を担う諸政党の政策や論争にも影響を与えた。

ＥＵ諸国に広まる反ＥＵの動きを意識して、慎重なメルケルはイギリスをできるだけＥＵに近い位置で、ゆっくり交渉することを望んだはずだ。しかし同時に、イギリスに続いてＥＵを離脱する主張が強まってはならない。より柔軟な、多様な関係を、ＥＵの周囲に展開することを考える一方で、ＥＵの利益を享受したいなら、そのすべての義務を守るべきだ、と発言した。離脱することが有利な印象は、何一つ与えないようにした。

＊　コメディアンのベッペ・グリッロなどが二〇〇九年に結成。政府債務の不払い、雇用増、政治腐敗・派閥取引の追放、インターネットによる政治参加、環境保護運動、ベーシックインカムなどを主張した。

●EUの強化、ユーロ圏の改革

ドイツとフランスの外相は、イギリスが離脱したEUについて、政治統合を強化する方針を示した。共通防衛、安全保障、秘密情報に関する協力を深める。EUの外に対する境界線を共同で取り締まる。共通の移民・難民政策、税のハーモナイゼーション、ユーロ圏の改革。それは、独立国家の主要な要素をEUが実現することを意味した。

しかし、多くの指導者たちがそれに反対した。ドイツのショイブレ蔵相も、EUの一層の集権化を「狂気の沙汰」と否定した。ポーランドなどは、逆に、もっと権力を取り戻したい、と考えていた。またオランダや北欧諸国は、イギリスが抜けた後、成長を促すためのヨーロッパ市場自由化に向けた動きが弱まると懸念した。

ユーロ圏とNATOまでが動揺していた。EUがブレグジットによってアメリカから離れることになれば、ロシアが喜ぶだけである。ロシアはブレグジットを「勝利」とみなした。EU拡大は、旧ソ連圏に対する影響力を高めたいロシアにとって脅威であった。中国の外交官は、「西側民主主義の欠陥」を指摘した。

●イギリスの離脱通告

イギリス政府は長期の交渉を選択すると思われた。なぜなら、リスボン条約五〇条によれば、離脱交渉に二年という期限が生じ、離脱後の通商条約を新たに結ぶ時間が足りなくなるからだ。財政負担を続け、単一市場へのアクセスを得て、その法律や規制に従うノルウェー型の離脱であれば、衝撃は最も小さい。しかし、移民規制を掲げた離脱派が受け入れることはむつかしく、妥協には時間を要する。

こうした予想に反して、二〇一七年三月、テリーザ・メイ首相は正式に離脱通告を行った。

メイ首相は、欧州理事会のドナルド・トゥスク議長に宛てた手紙で、「かつてない広い範囲で、野心的な」自由貿易協定をイギリスはEUと結びたい、と述べた。しかし、それは達成できそうになかった。わずか二年で、しかも、EU側の二七か国が自国の利益を主張するからだ。EUの過去の交渉からみても、二〇二一年か、それ以降も交渉が続くだろう、とエコノミスト誌は予想した。

ブレグジットの長期的なコストは、その後の通商条約によって異なる。何も合意しないまま離脱する場合（ハード・ブレグジット）、EUの条約に制約されないが、同時に、WTOのルールはあっても、一〇〇〇に近い条約をUKが他国と結びなおす必要があった。最も穏健なケース（ソフト・ブレグジット）は、イギリスがノルウェーのように欧州経済領域（European Economic Area：EEA）に入ることだろう。中間のケースとして、単なる政治宣言から、財の貿易に限り無関税にする、包括的な通商協定を結ぶ、EUとの関税同盟を形成する、などが考えられた。

ブレグジットは、イギリスからヨーロッパ、世界経済へ影響する。投資や融資をする者が最も嫌う「不確実さ」を高めるからだ。衝撃の緩和における重要な役割は、政府ではなくイングランド銀行が担った。

●議会の内紛は世界に及ぶ

最も憂慮されたのは、イギリス議会が、移民、ＥＵ財政負担、ＥＵ規制をめぐって対立し続けることだった。ヨーロッパとの取引に大きく依存し、初期に巨額の投資を要するプロジェクトは、特に影響を受けやすかった。ポンドが安くなると、輸入財のコストを引き上げ、実質所得は減少する。労働時間や賃金の伸びが減少し、消費が抑えられるだろう。

もっと悪いことが起きるかもしれなかった。貿易をめぐる交渉が行き詰まり、ヨーロッパの政治的な不安定化は、他の国でも国民投票を求める声につながる。投資が減り、脆弱なヨーロッパの銀行が株価下落の影響を受け、企業や家計への融資を減らす。雇用の見通しが悪化すれば、人びとは旅行や耐久財の購入をやめるだろう。

イギリスの経済規模は世界ＧＤＰの四％弱でしかなかった。しかしブレグジットが世界経済にまで影響する要因があった。ユーロ圏、特にイタリアの銀行が不安定化すること、中国の債務膨張と通貨不安が成長減速に及ぶこと、世界貿易における自由化の衰え、もしくは、グローバリゼーションの逆転。

●メイ首相の演説

二〇一六年、イギリス保守党大会で、メイ首相はハード・ブレグジットの方針を明らかにした。それは同時に、ブレグジットが保守党の国内政治戦略の一部であることを意味した。

メイは、「保守主義」を、市民社会の理想、進歩的な改革派と読み替える。ブレグジットは、出自、貧富、階級にとらわれない、個人の能力主義による社会の実現だ。それは、社会を変えるチャンスである。人びとが求めた「革命」を実現する。EUから主権を取り戻して、雇用の創出などにチャレンジできる。

メイはまた、特権層を批判した。ブレグジットはだれにとっても良い社会・経済を作る。この革命の源泉は金融危機だ。富裕層が犠牲を払わず、庶民や労働者が苦しんだ。怨嗟と分断ではなく、この国は家族、コミュニティー、市民のきずなによって立つ。私は豊かな成功した者を称賛するが、市民精神こそが重要だ。

彼女は右派ポピュリストとして主張した。

イギリスはグローバルな国家であることを誇りとするが、グローバリゼーションの利益は皆に分かち合わねばならない。「グローバル・ブリテン」を築く。ヨーロッパの単一市場と同じ自由を得る。EUを離脱するのは、イギリスが移民を規制するため、欧州司法裁判所から離脱するためである。

ブレグジットは、世界から離脱するのではない。世界を舞台として、大胆な、新しい、自信に満ちた役割を果たす。政府の役割として、貧しい人びとへの支援、難民への人道支援、現代の奴隷制廃止、気候変動防止のパリ協定、自由貿易、防衛などを支持する。

保守党政権こそが、公平な経済を作る。構造問題を解決する。手に入る価格で住宅を供給する。戦略的分野のための産業政策、グローバルな成長分野の開拓、地方都市の復活、直接投資の誘致。労働者のために、政府は行動する。政府の無策で、資本主義や自由市場への信頼が失われた。エドマンド・バーク以来、保守派は重要なことを守るために改革を進めた。市場が機能しないなら、政府が介入する。

●国家主権の神話

メイのこの演説は為替レートや株価を下げた。投資家たちはハード・ブレグジット方針を嫌ったのだ。〔Wolf (2016d)〕

演説は「主権」を離脱派の神話に基づいて解釈している。しかし、国家は市民の利益を実現するために存在する。その方法とは、唯一、他国と協力することだ。イギリスは一万四〇〇〇もの条約を結んでいる。条約は主権を否定するものではなく、むしろ主権の表現である。条約は主権の行使を制限するが、それは主権をより効果的にするためである。〔Wolf (2016c)〕

EUとUKの政治経済秩序に加わる構造変化の圧力は、国民国家を超えて広がっている。それらは、イギリスがEUを離脱したとしても、決して消滅しないだろう。

政府は、ポンドの価値が急落しても、大きく脱線したイギリスという国を、スコットランドと北アイルランドでＵＫの分裂が生じつつある中で、統一しなければならない。一貫した方針で、残留を支持した有権者にも公平な条件を示して、ＥＵと交渉できる新しい政治の指導力が必要だった。

第四節　国民的な政治の限界

●分裂・分断・解体

イギリス政界は分裂し、ブレグジットの交渉をだれが指導するのか決めるより、保守党も労働党も、党内で厳しい対立が続いた。ボリス・ジョンソンは離脱派における目立った指導者であったが、多くの保守党員はジョンソンが首相にふさわしい人物とはまったく考えなかった。ロンドン市長としての実績は細部への無関心を露呈し、聴衆が聞きたがることを話す傾向があった。この数年、彼はＥＵへの愛着と懐疑との間で立場を大きく変えた。

労働党も分裂していた。ブレグジットを決めた国民投票の後、コービン党首の不信任決議が一七二対四〇で可決された。コービンが残留派の運動に指導力を発揮しなかった、という強い不満があった。しかし、若い労働党員たちがコービンを強く支持しており、党首選挙で再選された。内紛が続く中で、ブレグジット交渉に向けた一貫した方針、特に、二度目の国民投票を労働党は打ち出せなかった。

ＵＫの統一も動揺した。特に、スコットランドと北アイルランドでは明確に残留派が多数を占めた。

イングランドのＥＵ離脱に引きずられて、自分たちもＥＵを離脱することを嫌った。スコットランドが二〇一四年に行った独立を問う住民投票で、五五％が独立に反対した一つの重要な理由が、ＵＫにとどまってＥＵにとどまることだった。それが逆になったのだ。

また北アイルランドでは、ブレグジットが決まったことを受けて、即座にシン・フェイン党*がアイルランド共和国との統合をめざす住民投票を要求した。しかしそれは、イギリス政府とアイルランド共和国政府によって否定された。今後の交渉で、北アイルランドとアイルランド共和国との間に物理的な検問所や壁が再現するなら、心理的影響、そして、離脱によるＥＵ補助金の代替も含めて、生活に関わる深刻な影響が生じる。

●リベラリズムへの失望

グローバリゼーションが巨大な利益をもたらすときも、政策担当者たちはその敗者に十分な支援を行わなかった。たとえば、中国の世界市場への統合は、確かに、数億人が貧困から抜け出す助けとなったし、西側の消費者も大きな利益を受けた。しかし、西側の工場労働者は仕事を失い、まともな賃金を得られる職場を新たに見出すことはできなかった。

政治家たちは、グローバリゼーションの利益を社会に広く享受させなかった。左派は、人種、環境、人権、性差などに関してリベラルな社会的価値を唱えた。右派は、能力主義社会の自助自立の理想を掲げた。しかし、普通の家族や国民に注目するなら、工業社会のコミュニティーは疎外され、荒廃していた。党派的なメディアの伝える間違った情報と選挙キャンペーンに、人びとは裏切られたと感じた。

リベラリズムは「進歩の観念」に依拠したが、多くの有権者にとって、進歩は他人事であった。ブレグジットが示したのは、人びとが自分の生活をコントロールできない、グローバリゼーションの成果を分かち合えていない、という感覚だ。遠くにある、不可解な、横柄なEUのイメージは、まさに彼らの怨嗟の標的になった。

●リベラリズムの復活に向けて

ブレグジットがもたらす未来を、リベラリズムの復活、少なくとも、その模索に観ることは可能だろうか。失われた正統性を、再び闘い取らねばならない。それは、開明的な原則を示して、ル・ペンやトランプのような者たちに取って代わることだ。商品やアイデア、資本、人びとの自由な動きは繁栄に欠かせない。暴言や虐待、差別ではなく、寛容と協力によって人びとの潜在的な能力が発揮できる、とエコノミスト誌は訴えた。

繁栄を分かち合う政策が必要だ。しかし、敗者に対する補償を増やすだけでは、人びとの不満が政府

＊　一九〇五年に結成。内戦時、武装闘争を支持し、アイルランド共和国軍暫定派ＩＲＡの政治部門であった。和平プロセスに参加し、ベルファスト合意を経て、統一をめざすアイルランド議会政党になる。

の慈善に頼るみじめさに変わるだけで解消しない。リベラル派は社会のダイナミズムを高め、経済成長を賃金の上昇に確実に波及させることをめざすべきだ。特権を廃し、既存の大企業にも競争を求め、制限的な慣行を打破すべきだ。何よりも、社会的背景にかかわらず、効果的な教育システムがすべての者に高い能力を育成することだ。

リベラリズムとグローバリゼーションがぶつかるとき、社会が試される。

●エラスムス

二〇一八年のクリスマスに、自分が育った東ドイツの、教会が一つしかない静かな村、ギーゼリッツへ、ハンブルクから家族と帰省する三六歳の会計士ステファン・ベネクがいた。彼は一八歳のとき大学へ行くために村を出た。今、彼はグローバルな運送会社でコンサルタントになり、ヨーロッパ各地の契約企業で働いている。彼の子供が通う幼稚園では、子供たちの半数がドイツ人ではない。彼はクリスマスで帰ると、ハンブルクとギーゼリッツとの違いに驚かされる。村に残る人びとは高齢化し、教育をあまり受けていない。彼らはそこで生まれ、多くが農場で働く。人びとはヨーロッパが好きじゃないと言う。ここがヨーロッパであると感じないし、ヨーロッパがわからない、と。

毎年この時期、移動性の高い、教育を受けた若者たちがヨーロッパ中の大都市から、生まれた村や小さな町へ、移動する。そこにはまだ、移動しない友人や親せきが住んでいるからだ。イギリスの空港も、ドイツのアウトバーンも、大混雑となる。アメリカの感謝祭、中国の春節がそうであるように。それは、根を持たない若者たちと、根付いた老人たちとが、一緒に祝いの食事を取り、政治についても議論する数少ない機会である。

ＥＵの父ジャン・モネが、「われわれはヨーロッパを作った。さあ、今度はヨーロッパ人を作らねばならない」と主張したように、彼らこそ「ヨーロッパ人」であり、ＥＵ官僚たちの勝手な空想ではない。

この人びとは英語を話し、しばしば他の言語も話す。彼らは共通の環境で暮らしている。文化的な多様性と、高度な技能を要する職場がある大都市の中心部や大学町に集まって住んでいる。彼らには、旅行し、他のヨーロッパ人と出会い、高等教育を受けた、という共通の経験がある。彼らはＥＵ統合から明確な利益を受けている。ベネクは「エラスムス*」大学交換プログラムを利用した九〇〇万人の一人である。

彼らは政治にも参加している。緑の党は、特にドイツとフランスで勢力を拡大した。ワルシャワ市長のラファウ・トゥジャスコフスキ、アムステルダム市長のフェムケ・ハルセマ、ロンドン市長のサディク・カーンもそうだ。彼らは反ＥＵのポピュリストに明確に反対する。フランス大統領選挙の第一回投票で、マクロンは「エラスムスのヨーロッパ」を称賛した。彼らはときとして街頭に現れ、反ブレグジ

＊ ＥＵ加盟諸国間で学生や人材の交流を促す仕組み。一九八七年から始まった。学生に対して往復旅費、語学学習費、滞在費（国家間の生活費の差額）の助成がある。

ット、反排外主義を表明し、EUを支持する「パルス・オブ・ヨーロッパ」を組織した。こうして彼らは、事実上、故郷のいとこやかつてのクラスメートたちの政治に反対したのだ。

●ホンダの町

二〇一九年二月一九日、ホンダは、イングランド南西部の町スウィンドンにある自動車工場を二〇二一年に閉鎖する、と発表した。* 現在、UK自動車生産の一割に当たる年間一五万台のシビックを生産している。閉鎖によって、工場で雇用されている三五〇〇人と、関連する雇用を加えた約七〇〇〇人が職を失う。

ブレグジットを決めた二〇一六年の国民投票では、この町の五五％が離脱を支持し、残留を支持したのは四五％であった。自動車業界は、繰り返し、ブレグジットによって自動車工場は経営がむつかしくなる、と警告していた。ヨーロッパへの輸出に関税がかかること、輸送や手続きの困難でサプライ・チェーンの管理がむつかしくなること、イギリス政府とEUとの交渉が進まず、不確実性が増していること、などが指摘されていた。

スウィンドンは人口一八万二〇〇〇人で、ヴィクトリア時代にさかのぼるエンジニアの町として、鉄道業の中心地であった、とFTの記事は紹介する。一九八〇年代にそれが衰退した後、地域経済が劇的に復活した成功例であった。ホンダは一九八九年に自動車生産を開始し、他の多国籍企業がイギリスに立地する道を拓いた。

ホンダの受付担当者であった女性の言葉が紹介されていた。「みんな政治家の吹聴するほら話に踊らされて自滅したのだ」。しかし、離脱を支持した他の労働者は、投票を後悔していないが、政府がその後の離脱過程に全力で取り組んでいない、という不満を示した。

グローバルな生産拠点の再編を進める他の要因も重要だった。電気自動車に向けた自動車産業の見直し、ヨーロッパより中国市場が重要になってきたこと、その中国経済の減速、日本とEUのEPA**締結はイギリスで生産することの利益を失わせた。それでも、ブレグジットの製造業に及ぼす深刻なコストが、次第に明確になったのだ。

●ユーロ・ラム社

エコノミスト誌は、ユーロ・ラム社を紹介した。それは素晴らしい牧場が広がるイングランドの古典的景観を残す土地にある。同時にそれは、ブレグジットが意味する危険なものを示している。

＊ HONDAの発表（https://hondanews.eu/gb/en/cars/media/pressreleases/161911/honda-announces-proposal-to-cease-production-at-its-swindon-factory-in-2021）。

＊＊ 自由貿易を超えて、投資やサービス、人の移動、また、さまざまな貿易障壁をなくして市場統合を進める合意。WTOによる自由化に代わり、巨大地域貿易圏が相互に自由化を交渉する。

この土地の政治家はブレグジットを支持した。それはイギリスの伝統や景観に対する誇りがあったからだ。しかし、この土地の景観を維持するのは羊たちである。毎週一万四〇〇〇頭、クリスマスの週には二万五〇〇〇頭が食肉に加工されて出荷されている。羊は、広範な、細部に及ぶ分業過程に支えられ、捨てるものがないくらい、すべての部位が利用される。

ユーロ・ラム社の羊は八〇％がヨーロッパ大陸向け、多くがフランス向けの輸出だ。労働者の六〇％は東欧から来ており、ユーロ・ラム社の所有者であるパキスタン人のハリド一家は、一九九二年、アイルランドからイギリスに来た。高品質のハラル・ミートを作るためだ。

ハリドたちの牧場はエスニック企業家の重要性を示す例である。それはまた移民たちの同化の物語でもあった。彼らが住んだクレイブン・アームズの町は人口二五〇〇人で、多様な人びとから成り、スカーフをした女性たちも多く、モスクが建っている。学校長はパキスタン人の生徒たちを「礼儀正しく、身なりもよい」と称賛した。

町は雇用をもたらすものなら大歓迎であった。なぜなら鉄道の中継地として栄えた町が、刺青の店と持ち帰りの料理屋しかない、衰退する町に変わっていたからだ。ハリドたちは町になじみ、町のために貢献した。労働者たちが住む住宅を購入し、イギリス生まれの聖職者を呼んで、学校の運営にも参加した。大都市に住む若いイスラム教徒の労働者には、イギリスの地方の美しさを知るように勧めた。

しかし、今やブレグジットがそれらを破壊する。もし合意なしにEUを離脱すれば、羊肉の輸出には四〇―四五％の関税がかかり、売れなくなる。東欧の労働者を雇用できず、ライセンスも失う恐れがある。現在、高品質の羊肉を冷凍せずに輸出することで得ている利益は、パリにすぐ届けられる輸送条件を前提している。

もしブレグジットによってハリドたちの牧場が消えるなら、イギリスの美しい景観も失われるだろう。

●イギリスと欧州の歴史

歴史家ハロルド・ジェイムズの指摘によれば、イギリスにはEUに積極的になれない理由があった。それは、島国であること、国家形成過程でローマ・カトリックから分離したこと、そして、ドイツやフランスのような衰退する農業部門がイギリスにはなかったことだ。［James (2016)］

独仏が中心になって進めたヨーロッパ統合において、イギリスは傍観者であった。ドイツは、地中海諸国から強まる国家介入主義に対抗して、自由市場の擁護者であるイギリスを必要とした。フランスは、ますます強くなるドイツ経済に対抗するため、イギリスとの協力を必要とした。ドイツとフランスの対立が厳しいときほど、イギリスは、自分たちが必要とされている、という間違った確信を持った。

イギリスにとって、EU離脱は新しい悲劇である。イギリスは自分がどのような将来を望んでいるのか、容易に見出せない。内向きになるのか、開放的であるのか、グローバリゼーションを支持するのか、その逆転を望むのか。しかも国際安全保障は急速に悪化している。

●二大政党の終わり

激しい論争が、保守党と労働党の内部で深い亀裂を生じた。世界に後ろ向きとなった保守党も、社会主義を唱える労働党のコービン党首も、イギリス政治の歴史上の転換期を思い出させる。それは一六八八年の名誉革命の後、あるいは、一九世紀半ばの穀物法撤廃の後、イギリス政治が大改造されたことに似ているのだ。どちらの場合も、新しい政党が誕生した。

イギリスは歴史的に、世界に関与し、開放型の、リベラルな国際秩序を促してきた。しかしブレグジット後の世界においては、財、人、資本の自由移動を管理する新しいルールが必要になる。この小さな国が、危険かつ不安定な世界で影響力をどのように行使するのか、有権者にその想像力を与えられる新しい政党の誕生が求められる。

●UKの終わり

EU離脱は、UK、すなわち、グレートブリテンおよび北アイルランド連合王国の解体でもあるだろう。ある歴史家は、ブレグジットがもたらす数少ない良いこととして、スコットランド独立、北アイルランドのアイルランド共和国への統一を挙げた。それはイングランドにとっても良いことだ。新しいイングランドは、より健全なナショナリズムに向かい、その経済規模や安全保障にふさわしい位置を求めて、EUとの協力を望むようになるだろう。[Edgerton (2020)]

結び

国民投票に勝利した後のイギリスで、離脱派が主権を回復したと喜んでいた。しかし彼らは、中国やロシア、トランプの世界に、最大の市場を失った中規模国家として生きる。

世界都市として繁栄するロンドンには、ロシアの超富裕層・オリガルヒ*たちが多くの住宅を所有している。しかし二〇〇六年に、ロシアの元情報将校でイギリスに亡命していたアレクサンドル・リトビネンコの暗殺事件が起きた。ロシアは容疑者を引き渡さず、暗殺を否定したが、日本を除く西側諸国はロシアに対して制裁を行った。

中国はドルに依存した国際取引を嫌い、人民元の国際化をはかってきた。二〇一四年、ロンドンにおける人民元オフショア市場の開設もその一つだった。イギリス政府は原発建設も中国企業と契約していた。しかしイギリスと中国との「蜜月」関係は、その後、トランプによる「貿易戦争」からファーウェイの幹部逮捕・制裁によって悪化した。

ブレグジットによって北アイルランドとアイルランド共和国との間に国境が再現すれば、ベルファス

---

* ロシアやウクライナの国有資産・国営企業を民営化することで誕生した財閥と大富豪たち。

ト合意による紛争終結以前の、内戦が残した憎しみや反感がよみがえる。アイルランド紛争の最悪の年、一九七二年には、四九八人が宗派対立で殺害された。一九九〇年代の初めでも、年間の死者が一〇〇人近くに達した。

イギリスが抜ければＥＵ内でも、ドイツが他の加盟諸国との間で格差を広げ、むしろ緊張が強まるかもしれない。民主主義の失敗として、ブレグジットに似た選挙が、無責任な、解決策にならない、ラディカルな政策を唱える政治家たちに権力を与える。

国民投票で残留派を指揮した政府・保守党側の内幕を伝えるクレイグ・オリヴァーの記録は、民主主義の危うさ、愚かさ、予想を超えた情念の奔流を示している。同時に、政治の変化を望む民衆の想いを政府が受け止める、必死の作業を実感させる。イギリスは政治の活性化や才能を、激しい消耗戦の中で試されたのだ。［オリヴァー（2017）］

二〇一九年一二月の総選挙で、保守党のボリス・ジョンソンは「ブレグジットを成し遂げよう」という、たった一つの約束で勝利した。彼を支持したのは、かつて労働党の基盤であったイングランド北部の労働者たちだ。しかし、ブレグジットが本当は何を意味するのか、まだ数年先でなければわからないだろう。

第3章 ❖ タックスヘイブン

政府は税金を集めて，インフラに投資し，医療や学校など公共サービスを充実させる。しかし多国籍企業はどうか。富裕層はどうか。福祉国家のもとで，彼らは支払った税金が貧しい者や老人，病人のために支出されることに不満を持つ。そして，所得や利潤，相続する富を海外のタックスヘイブンに移して，税金を「節約」する。国家の存立が問われている。「絶望死」する労働者。「寄生虫」と化す富裕層。

第一節　富と権力の集中

●超富裕層と庶民の資産管理

人びとにとって、資産管理の問題は、犯罪や健康に関する心配よりも、さらに大きなストレスとなっている。そんなとき、ゴールドマンサックスやバンガード、中国のアリペイなど、金融ビジネスの巨人たちが、競って資産管理を「民主化」し始めている。

資産管理の顧客たちは航空機の利用者に似ている。「富裕」なクライアントは、三〇〇万ドルから一〇〇万ドルの資産を持つ、「プレミアム・エコノミー」の席に座る人びとだ。彼らは電話でアドバイスしてもらえるが、店に来てほしくない。利用できるのは、あらかじめ用意されたファンドに限られる。

さらに上の一五〇〇万ドルまで資産を持つ「高額純資産」のクライアントは、「ビジネス・クラス」の席に座る。アドバイザーを指名して、相談しながら株を選ぶ。そして、さらにその上の、「プライベート・ジェット」に乗る「超高額純資産」の人たちは、幹部たちとの高級なディナーやゴルフ・コースでのプレーを楽しみ、ベンチャー企業への投資、ヘッジファンドなども利用する。

多くの人にとって、引退後の暮らしを考えて貯蓄することは、住宅の購入に次ぐ人生で最も重大な資産管理問題である。しかし彼らは、何の助けもなく、これを決める。

新規のビジネスも含めて、ＡＩやロボットを駆使した競争がますます激化するだろう。長期の展望として、エコノミスト誌は、金融のプラットフォームが形成されると予想する。

●労働者の「絶望死」

二〇二〇年一月にニューヨークタイムズが伝えた人びとの姿は衝撃である。［Kristof (2020)；Kristof *et al.* (2020)］

六番のスクールバスは、毎日、大騒ぎだった。一九七〇年代、ニックは毎日バスに乗った。オレゴン州の田舎で、近所の子供はファーラン、ジーラン、ロジーナ、ネイサン、キーランのナップ兄弟だった。彼らはみんな明るく、途方もない上昇志向の若者たちだった。

しかし今では、六番のスクールバスで通った子供たちの四分の一が死んでしまった。麻薬、自殺、アルコール、無謀な交通事故による死だ。ファーランは、酒と麻薬がもとで、肝臓障害により死んだ。ジーランは飲み過ぎて、家が火事になって焼け死んだ。ロジーナは薬物使用と肺炎。ネイサンは麻薬を溶かすときに焼け死んだ。キーランは生き残ったが、それは一三年間も州刑務所にいたからだ。

トランプ以前から、この国は一種の癌に蝕まれている。自殺率は第二次世界大戦後の最高水準にあり、七人に一人の子供が薬物中毒の親と暮らし、一五分ごとに、薬物依存の親に子供が生まれる。アメリカは大国から滑り落ちている。

二大政党制のもとで、五〇年にわたり、アメリカは深刻な構造的問題を抱えてきた。三年連続で平均寿命が短縮している先進国はアメリカだけだ。その原因は「絶望死」である。ノーベル経済学賞を受賞したアンガス・ディートンが、アルコール、麻薬、自殺による死亡率の上昇を指して「絶望死」と名づけた。「労働者階級の生活から、ますます、生きる意味が消滅してしまったようだ」。「アメリカ経済は、こうした人びとに、有益であることをやめてしまった」と、ディートンは言う。裕福なアメリカ人にとって、苦悩する人びとの姿は見えない。

生き残った人びとがトランプに投票した。彼らを救ってくれるように見えたからだ。しかし、トランプ政権になって、医療保険を利用できない子供の数は四〇万人も増えた。

株価は記録的な高水準であったが、（大学卒業資格のない）労働者階級は苦しみ続けていた。もし連邦の最低賃金が、一九六八年から、インフレと生産性上昇を反映していたなら、今では時給二二ドルになるはずだ。現実には七・二五ドルでしかなかった。

●カリブ海の島々

およそのイメージを描けば、タックスヘイブンとは、税金を払いたくない資産家や大企業がお金を隠しておく場所である。

それはどこにあるのか？　だれが利用するのか？　なぜ許されるのか？

この話を始めるにあたり、タックスヘイブンの上位一〇カ所を、パランたちの本に拠って挙げてみよう。［パランほか（2013）八九頁］

バハマ、バミューダ、ケイマン諸島、ガーンジー島、ジャージー島、マルタ、パマナ、バルバドス、英領ヴァージン島、キプロス。世界地図で観てほしい。

タックスヘイブンの多くがカリブ海にある。あるいは、インド洋や太平洋の小さな島々、ヨーロッパの小国である。なぜだろうか？

そもそも、カリブ海の島々に富が集まる理由はあるのか？　その保有する資産が数兆ドルにも達するというのはどういうことか？　まるで魔法でできた「夢の島」ではないか？　世界が注目する海底油田でも見つかったのか？　そうではない。タックスヘイブンは、正規の経済活動から、別の隠れた次元へ、富を移転する世界経済のブラック・ホールである。

マーフィーが挙げた例は、ジャージー島である。㈠投資家は収入を島内で記録する。㈡その投資家を島内に居住していないとみなす。㈢島内で生じた所得にだけ課税する。

なぜこれでタックスヘイブンになるのか？　それは、島外の収入、企業の利潤として記録される額が莫大で、しかも、それは秘密にされるからだ。移転価格を利用して、島外で生じた所得や利潤をすべてゼロになるように操作すれば、その資産家や企業がいくら収入を得たのか、本当は課税対象にすべきなのか、他の国の税務当局にはわからない。

●グローバルな不平等

オックスファム*OXFAMの二〇一七年の報告は、グローバルな不平等が拡大している、と訴えた。**

✔二〇一五年以来、世界の最も裕福な一％の人びとが、六〇億人よりも二倍以上の富を所有した。

✔最も裕福な八人が、世界の貧しい側の（人類の）半数と同じ富を所有する。

✔今後二〇年で、五〇〇人の最も裕福な人びとが二・一兆ドルを遺産相続する。それは人口一三億人のインドのGDPよりも多い。

✔最も貧しい一〇％の人びとの所得は、一九八八年から二〇一一年までに、年三ドル足らず増加した。他方で、最も裕福な一％の人びとの所得はその一八二倍も増えた。

✔FTSE一〇〇社***のCEO（最高経営責任者）の収入は、バングラデシュの衣服工場で働く労働者一万人の収入に等しい。

ブレグジットからトランプの当選まで、豊かな諸国の人びとは拡大する所得格差に不満を強めていた。主流派の政治家に失望し、人種差別が広がっている。賃金が停滞し、雇用は不安定で、持つ者と持たざる者との差が広がっていく。こんな経済システムに代わる仕組みを見出したいと願うはずだ、とオックスファムは考える。

不平等を拡大する要因は複雑で、いくつもある。その一つに挙げられたのがタックスヘイブンである。［マーフィー（2017）；Chakrabortty（2016）］

●超富裕層は税金を払わない

可能な限り税金を支払わない、というのが多くの超富裕層が採る戦略である。そのために、彼らは積極的にタックスヘイブンと秘密のグローバル・ネットワークを利用する。各国は競って超富裕層を引き寄せようとしており、主権もしくは法域****の利用権を売っている。超富裕層はその世界中のカタログから、最も有利な税金の控除制度や優遇策を探すのだ。

企業も利潤を最大化するためにタックスヘイブンを利用する。それどころか、各国を競わせて、税の控除や減税、低率の課税を要求している。グローバリゼーションの中で、貧富の格差拡大を緩和すべき

＊　ギリシア国民の飢餓救援のため一九四二年にオックスフォード住民が設立した委員会に始まる。その後、難民に対する緊急援助、発展途上国の農村開発プロジェクト、先進国では開発教育などに取り組む。
＊＊　最新の情報は次を参照。"5 Shocking Facts about Extreme Global Inequality and How to Even It up" (https://www.oxfam.org/en/5-shocking-facts-about-extreme-global-inequality-and-how-even-it).
＊＊＊　ロンドン証券取引所に上場している時価総額の上位一〇〇社。
＊＊＊＊　法律が施行される領域。国家の領域と法域とが一致するとは限らない。アメリカなどの連邦国家、大英帝国、現在の香港。またインドやマレーシアでは人種・宗教などで法制度が異なる。

政府が、市民たちの声を聴くより、超富裕層と大企業の声に従うとき、政治や経済の市民的秩序が失われていく。

●秘密主義

なぜこうしたことが起きるのか？　タックスヘイブンが存在しているのは、居住者と非居住者を区別し、秘密主義を法律によって強化して、租税や規制を回避するための専門的なビジネスを誘致する国家・法域が存在し、そのサービスを世界の富裕層や多国籍企業、銀行などが需要するからだ。

それはカリブ海の小島だけではない、むしろスイスの銀行口座である。さらに、ロンドンのシティ、オランダ、ルクセンブルクの法律事務所であろう。他方、金融ビジネスや大企業の規制・税金逃れに対抗して、自国内における税の優遇措置や、事実上、タックスヘイブンと同じ法的枠組みを提供する政策も始まった。アメリカ（ＩＢＦ）やドイツ、日本（ＪＯＭ）もそうである。*マーフィーが示した「金融秘密度指数」による上位一〇の法域は次のようになる。［マーフィー（2017）一〇四―一〇七頁］

スイス、香港、アメリカ、シンガポール、ケイマン諸島、ルクセンブルク、レバノン、ドイツ、バーレーン、ドバイ（アラブ首長国連邦）……日本は一二位、イギリス一五位、中国二〇位。

タックスヘイブンという言葉を避けて、その仕組みに一定の合法性、もしくは、経済取引としての有効性を認め、オフショア金融センター（ＯＦＣ）とよぶことがある。** 一九九〇年代後半、悪質な「租税競争」を促すとして、タックスヘイブンに対する規制をＯＥＣＤが強めていた。金融のグローバル化に応じて、ケイマン諸島の幹部たちが集まり話し合った。彼らは、自分たちは「グローバルな金融システムを結びつける導管」を担っている、という認識で一致する。

他方で、もっと直接に、タックスヘイブンの有害さ、犯罪性を指摘する研究もある。たとえば、モイセス・ナイムは、国際システムを作り変える闇のネットワークとして、新しい時代の到来を指摘した。犯罪集団が国家を乗っ取る、というのは、貧しい辺境地帯だけで起きる特別なケースではない。「国際犯罪の増加によって、国際システムが変質し、国際ルールが覆され、新たなプレーヤーが登場し、国際政治と国際経済の力関係の再編が迫られている」。［ナイム（2006）一六頁］

＊　アメリカはインターナショナル・バンキング・ファシリティ（ＩＢＦ）、日本はオフショア金融残高を認める東京オフショア市場（ＪＯＭ）を設けている。
＊＊　ＯＦＣは、脱税やマネーロンダリングのような非合法取引と区別して、豊かな諸国の国際金融センター（ＩＦＣ）と違いはない、とエコノミスト誌は主張する。

第二節　寄生虫の生態

●グーグル

グーグルはアイルランドに会社（グーグル・アイルランド・ホールディングズ）を設立して、税金をまったく支払わない仕組みを作っている。［Zucman（2017）］

グーグルは検索や広告に関する重要な技術の知的所有権を、すべてこの会社に移転した。アイルランドの規制は、バミューダ諸島において「経営」することを認めている。そこからさらに別会社（グーグル・アイルランド・リミテッド）に技術の利用ライセンスを与えている。このグーグル・アイルランド・リミテッドがすべての国のグーグル子会社と契約し、技術を利用させている。その利用料から生じた利益は、バミューダ諸島経由でアイルランドの親会社（グーグル・アイルランド・ホールディングズ）に送られる。

二〇一五年、一五五億ドルの利潤を上げたが、グーグルはバミューダ諸島で数人しか雇用していない。法人税率はいくらか？　それは、ゼロである。

●パナマ文書とリオネル・メッシ

二〇一六年四月、「パナマ文書」で、タックスヘイブンの利用の実態が一部公開された。それはパナマの法律事務所モサック・フォンセカが保有するデータであった。一九七七年以来、ドイツの新聞社（Süddeutsche Zeitung）へ匿名で送られてきたデータを、国際調査報道ジャーナリスト連合（ＩＣＩＪ）が共有して分析した。そこには多くの人物の名が挙がっている。

ロシアのプーチン大統領の友人、イギリスのキャメロン首相やパキスタンのシャリフ首相の親類、ウクライナのポロシェンコ大統領や、アイスランドのグンロイグソン首相、アルゼンチンのマクリ大統領、映画俳優のジャッキー・チェン、サッカーのスペイン一部リーグ、ＦＣバルセロナに所属するリオネル・メッシも含まれた。彼らは疑惑を否定したが、アイスランド首相は最初に辞任した政治指導者になった。

サッカーの世界的なスター選手リオネル・メッシは、タックスヘイブンを利用したことで二一か月の禁固刑の判決を受けた（その代わりに、二五〇万ドルの罰金を支払った）。広告収入をタックスヘイブンで受け取り、あるいは、報酬の一部を親族がタックスヘイブンで管理する慈善団体を経由した融資で得ることで、多額の税金を回避する仕組みとなっていた。

ＦＣバルセロナはメッシに一億ユーロ以上の年棒を支払っている。ファンは、サッカーの入場券やテレビ契約料金として、どこまで支払うのだろうか？　記事は、優れたサッカー選手の奪い合いによってグローバルなサッカー市場に集まる資金を「ゴールド・ラッシュ」とよんでいる。中国、ロシア、アラブ諸国、アメリカの投資家が競い合って、メッシの家族に対してもっと多くの報酬を支払うだろう。

●アップル、シティグループ、ナイキ

ＩＴＥＰ（Institute on Taxation and Economic Policy）の資料は、アップル、シティグループ、ナイキ、などの租税回避について紹介している。［Phillips *et al.*（2017）］

アップルは、他のどの企業よりも多い二四六〇億ドルの資産を海外に保有している。それによりアメリカ政府への税金七六七億ドルが回避されている。アップルは、アイルランド政府もアメリカ政府も税制上の居住者と認めていない（つまり課税していない）二つの支社を、アイルランドに設立した。最近、欧州委員会は、アップルがアイルランドのタックスヘイブンの仕組みを利用して、二〇一四年のヨーロッパで得た利潤のわずか〇・〇〇五％しか税金を支払っていないことを発見した。そして一四五億ドルの追徴金を要求した。

シティグループが納税のために海外で保有する資産は四七〇億ドルであり、アメリカの課税額は一三一億ドルである。シティグループが海外の利潤に対して外国政府に支払ったのは七％だけであり、ほとんど税金を支払わないことがその資金をタックスヘイブンに置く理由である。シティグループが海外のタックスヘイブンに持つ支社は一三七社である。

スニーカーの大企業であるナイキが課税を回避するため正式に海外で保有する資産額は一二二億ドルである。アメリカの課税額は四一億ドルになる。ナイキが外国政府に支払っているのは一・四％に過ぎず、それはタックスヘイブンを利用していることを意味する。その仕組みは、トレードマークの使用料をバミューダにある子会社に支払わせることだ。ナイキは世界に一一四二店の小売店を運営するが、バミューダには一つもない。

●世界経済の寄生虫

タックスヘイブンは「南海の楽園」などではない。それは秘密のビジネス・ネットワークが「主権」もしくは独自の「法域」を利用して創った情報交換所、記帳センターである。本当の資産保有者は、その「島」に物理的に移動することも、何かを設置することも、実際は必要ない。

もしタックスヘイブンをつまみ上げて、それに結びつくものをすべて引き出すとしたら、何が出てくるのか？

その姿を想像して、パランたちは、世界経済と国家システムを餌にする「寄生虫」と書いている。

タックスヘイブンそのものには経済活動の実体がない。それは会計や法律、各国税制の専門家たちからなるグローバルな「闇」のコミュニティーであり、島は、彼らがいつでも遠くから利用する、世界に散らばった手段の一つでしかない。［パランほか（2013）四六頁］

タックスヘイブンが何か、こうしてわかってくる。タックスヘイブンが提供するのは、何よりも、秘密を厳重に守らせる法律である。さらに、法律上は独立した法人や団体を、非常に簡単に設立できる、また非居住者であっても、だれが設立するか問うことがない仕組みである。なぜなら、それは弁護士が、本人がだれかを明かさずに、取引や契約を代行すればよいからだ。そして、こうした法人がその「国」の外で得られた収入について、ほとんど、もしくは、まったく課税されない、という独自の税制である。

●シェル・カンパニー

これらの法律や仕組みは、島々や小国の政治家たちが独自に工夫したというより、世界の富裕層や大企業のコンサルタント、監査法人、あるいは、犯罪組織が要求して創らせたものであろう。

異なる税制を選択することは違法ではない。最も単純には、税金の少ない、税率の低い国に引っ越せばよいからだ。ヨーロッパで多くのスポーツ選手や映画俳優がそうしてきた。しかし、仕事や安全を求める移民・難民とは違い、国籍・市民権を得る条件は、しばしば多額の資産や預金を保有していることである。［パランほか（2013）一四八頁；Muir（2017）］

タックスヘイブンが提供する手段として、パランは、インターナショナル・ビジネス・コーポレーション（IBC）を挙げ、きわめて効果的な有限責任会社だ、と紹介する。IBCにより、利益をタックスヘイブンに移転し、オフショアで事業を展開できる。そのためにIBCは株式、社債、その他の証券を発行する。タックスヘイブンには二〇〇万を超えるIBCが設立されている。それらの多くは、しばしばシェル・カンパニー、すなわち、書類上だけの会社である。

信託、財団、銀行、保険会社、会計事務所、ヘッジ・ファンド、プライベート・エクイティ・ファンドなどが、世界有数の企業から、まったくだれも知らないものまで、タックスヘイブンに存在する［パランほか（2013）一五一－一八四頁；マーフィー（2017）八五－一〇〇頁］。

エンロン社やワールドコムの不正経理スキャンダルでは、特別目的事業体（SPV）が有名になった。金融機関が、厳しい自己資本規制を避けるために、タックスヘイブンのSPVを大規模に利用している。

第三節　脱税のイデオロギー

●企業行動や財政・貿易をゆがめる

世界GDPの一一・五％、八兆七〇〇〇億ドルが超富裕層によってオフショアで保有されている。それによってアメリカ政府は、毎年七〇〇億ドルの税収を失っている、と推定される。［Zucman（2017）］

ITEPの報告は、フォーチュン誌によるアメリカ企業上位五〇〇社の中で三六六社、七三％がタックスヘイブンに少なくとも九七七五社の支店を設けている、と指摘する。五〇〇社が課税を回避するため海外で保有する利益は二兆六〇〇〇億ドル以上に及び、わずか四社（アップル、ファイザー、マイクロソ

フト、ＧＥ）だけでその四分の一を占めている。［［Phillips *et al.*（2017）］

タックスヘイブンは、それを利用する企業の行動を変え、アメリカの財政や貿易収支、直接投資に深刻な歪みを与えている。アメリカ企業が支払う税金は、一九六〇年代以降、現在までにほぼ半減した。もし政府が法人税の改革を考えるのであれば、その引き下げではなく、実質的な引き上げを提案すべきであろう。［Klein（2017）］

アメリカ企業は海外の利潤を海外で「再投資」する限り、課税は延期されている。利潤をアメリカに送ったときに課税される。この制度は大企業の行動を歪めた。実際は、課税を回避するためにオフショアの口座に蓄えているだけだ。それは積み重なって、貿易収支や対外債務・資産のマクロ統計まで歪めている。「一九八二年、統計を取り始めてから、アメリカ企業が行った直接投資の累積額は約五兆一〇〇〇億ドルだ。このうち約二兆ドルが、多国籍企業の課税回避を助ける七つの小国で『稼いだ』利潤の再投資である。すなわち、バミューダ、イギリス領のカリブ海諸島、アイルランド、ルクセンブルク、オランダ、シンガポール、スイスである」。［Klein（2017）］

アメリカの直接投資の半分がこうしたタックスヘイブンで保有されている。一九九〇年代半ばに、それは五分の一であった。それが最も増えたのは二〇〇八年の金融危機に至る数年間であった。直接投資は、最も収益の得られる場所に対して行われるはずだ。しかし、そのパターンは矛盾している。たとえば、二〇一六年、アメリカからの直接投資で、タックスヘイブンの外に行われたものの収益率は六％であった。しかし、これら七つのタックスヘイブンでは九％の収益率を示した。

この矛盾が意味するのは、タックスヘイブンにあるアメリカ企業の子会社が、親会社から過大な特許使用料などを得ている、ということだ。それはアメリカの貿易赤字を膨張させている。二〇一六年、アメリカ企業の直接投資が海外で得た収入は四一〇〇億ドルであった。そのうち、約三分の二の二五四〇億ドルがタックスヘイブンで生じた。こうしたアメリカの貿易収支不均衡を維持する物質を、セッツァーは「ダーク・マター」*と呼び、その原因はタックスヘイブンによる歪みであると考えた。

[Setser (2019)]

●福祉国家と開発政策

政府の行動が、企業によって利用され、意図しない結果をもたらす。

福祉国家を維持するために高い税率を必要とする国では、本来、納めるべき税額と、タックスヘイブンなどを利用して実際に収めた税額との差、タックスギャップ、が拡大する。近年、ＯＥＣＤ諸国は法人税率を下げてきた。

他方で、中国のように、輸出特区などの開発政策として、さまざまな外資に対する優遇策を取る諸国

＊　暗黒物質。銀河系の質量を推定した数値が、観測される星の数よりはるかに多いことを説明する見えない物質。また、国際収支や貿易収支の合計額がゼロにならず、大きな差を生じること。

がある。こうした制度を利用し、自国の投資家がオフショアを経由して税を回避し、「還流」させることが「直接投資」として計算されている。〔パランほか（2013）三〇三頁〕

資本の誘致政策としても、タックスヘイブンは矛盾を抱える。発展途上諸国が国際金融センターと結びつきを深める中で、その結果として、逆に資本流出が刺激される。二〇〇五－二〇一四年の発展途上諸国から生じた非合法な資本流出額は、合計で二兆ドルから三兆五〇〇〇億ドルと推定される。それは年間の貿易額の一四・一％から二四・〇％に相当する。〔Global Financial Integrity（2017）〕

●私は誇りに思う

タックスヘイブンを擁護し、その役割を正当化する意見がある。租税回避は、問題それ自体ではなく、その兆候でしかない。企業から見れば、租税回避は誘発され、やむなく選択していることだ。税率は高く、税制が複雑であるほど、そう考える者たちがいる。

アメリカでホテルチェーンを展開したニューヨークの実業家・富豪レオナ・ヘルムズリーは、何度も脱税により収監された。かつて彼女の家政婦は、ヘルムズリーがこう語っているのを聞いた。「私たちは税金を払わない。ちっぽけな人びと（the little people）だけが税金を払うのだ」。しかし、脱税したことで彼女のホテルがアメリカ人に嫌われたわけではない。同様に、多くの人びとが税金を嫌うからだ。

グーグルのＣＥＯであったエリック・シュミットが語ったように、租税を回避して残った資金は、彼らによって投資され、多くの雇用と、それが消費税をもたらす。こうした「政府の提供した誘因に基づいて」グーグルが採用している租税回避の仕組みを「私は誇りに思う」。その言葉が示すように、グローバル企業の幹部たちは政府というものを信用しない。

タックスヘイブン、あるいは、オフショア・フィナンシャル・センター（ＯＦＣｓ）を支持する強硬派は、政府によって奪われる民間の富を積極的に保護し、さらに政府間の租税競争を通じて、より効率的な財政を諸国に求めることができる、と主張している。* タックスヘイブンは、信仰やエスニック、性別、政治的立場、人種差別によって迫害を受ける人びとに、資産を移して、国外に逃れる手段を与えており、そうすることで彼らを保護しているのだ、と主張する。

●支配領域をめぐる闘い

国家でも、暴力組織でも、支配領域をめぐる競争がある。しかし、国家間の競争がガバナンスを改善する、という市場のたとえ話は単純すぎるだろう。個人や企業と同じように、国家がタックスヘイブンを介して市場競争する、というわけではない。また、政治的迫害から逃れる多くの人びとにとっては、用意できる資産など限られている。本当にタックスヘイブンの国際的ネットワークが顧客としているの

＊ たとえば、Cato Institute の元研究員 Daniel Mitchell の Mitchell（2008）参照。

は、金融やハイテクの大企業、裕福な資産家たちである。〔パランほか（2013）二六四―二六六頁〕

マーフィーの言葉で表せば、ここに見えるのは「世界の富裕層の代理人と世界の民主政府連合軍との闘い」である〔マーフィー（2017）九九頁〕。タックスヘイブンのコストとは、何より、民主的な政府から税収を失わせることだ。それは政府の供給する公共サービスを削減し、劣化させる。法律や社会の公正さを損ない、成長を破壊する。タックスヘイブンはリベラルな民主主義への信頼を失わせ、政治の過激化とも結びつく。〔Foroohar（2017）；志賀（2013）〕

タックスヘイブンは、確かに、国家ごとに異なる複雑な法律や制度を超えて、グローバルなビジネスが合理的に処理されるための必要な仕組みとして、正当化される面がある。しかし、そうであれば、仕組みを明確に法制化するべきだ。

実際には、「脱税、資金洗浄、略奪政治の乱交パーティー」と呼ぶ方が正しい。タックスヘイブンは汚職や犯罪を広げる「ガン細胞」であり、非合法化して死滅させるべきものである。〔Brooks（2016）〕

第四節　富と国家の歴史的攻防

●国家と税金

国家と税金とは切り離せない。古代文明以来、軍隊と官僚を養うには税金が必要であった。アメリカ独立革命は、「代表なしに課税なし」*と叫んで広がった。

税制は身近な生活にも影響する。一八世紀のイギリスの窓税は、建築構造を変えた。一九七九年に、オーストラリアで相続税が廃止されたとき、それは死亡率に波紋を生じた。相続税がなくなる日まで、人びとは何とか生き延びようとしたからだ。〔Harford（2016）；パランほか（2013）一九六―一九七頁；マーフィー（2017）三四―三六頁〕

主権と領土・領民との関係は、最初から、安定した統治を意味したわけではなかった。七〇〇年から一七〇〇年のヨーロッパについて、武装した集団が農村を暴力的に占拠し、農民たちを繰り返し略奪した。しかし、暴力を行使するだけでなく、他の暴力集団からの保護を提供した場合、その土地では農耕など、生産的な用途に資源をより多く配分できた。そのため、武装集団の安定的支配が富をもたらす貢納制に変化した。〔Lane（1958）〕

今や、超資産家や多国籍企業が税金を支払わない中で、国家は公共財・秩序維持のために必要な支出を引き受けている。それゆえ、パナマ文書が暴露したような租税回避にタックスヘイブンを利用する行為は、たとえ違法でなくても問題となる。タックスヘイブンの利用者は、課税（そして国家）を悪者にする。国家の公共的役割を縮小して、自由市場の「ユートピア」を描く。しかし実際は、それが多数の市

＊　マグナ・カルタに代表される課税の理念。イギリスの制定した茶税、東インド会社の独占に反対し、ボストン茶会事件が起きた。現代の反税闘争やティー・パーティー運動が支持される背景。

民に対する増税や、公共サービスの削減、インフラの劣化といった「ディストピア」につながる。［Jones（2017）：パランほか（2013）二六六頁］

現在、タックスヘイブンの地図を観るとき、そこには概ね、三つの歴史的な秩序が反映されている。すなわち、大英帝国、ヨーロッパの独立小国家群、新興開発小国家群、である。

タックスヘイブンに基づくシティ（ロンドンの金融街）や、香港、シンガポール、モナコやマカオ、バミューダ諸島は、政治経済の成功モデルなのか？

●帝国の拡大と非居住者

国家の境界線と経済活動の境界線とが乖離する現象は、大英帝国の成立や衰退の過程で、非常に大きく、かつ顕著に示された。個人や企業は、帝国が主権を新しい領土で確立する前から、主権の外で貿易や金融を組織した。

タックスヘイブンの仕組みは、ある意味で、「偶然の産物」だった。イギリスの帝国支配が拡大する中で、「非居住者規則」が法制化された。非居住者は、出生地が外国であれば、イギリスで得た、あるいは、国外から国内に持ち込んだ収入についてのみ税金を支払えばよい、と定めた。居住者と違って、イギリスの外、世界での収入には課税されないのである。それは今でも、ロシアの新興実業家や世界の富裕層をロンドンに呼び寄せ、イギリスが彼らのタックスヘイブンとして機能する枠組みである。［マ

ーフィー（2017）五八頁〕

パランの研究によれば、明確なタックスヘイブンの起源は、一九世紀後半のアメリカにある〔パランほか（2013）一九〇―一九四頁、マーフィー（2017）二頁〕。タックスヘイブンの本質的な要素である、法人設立の簡便さと緩い規制が、国家の競争戦略として、一八七五年、アメリカのニュージャージー州で最初に出現した。そして財政難に苦しむデラウェア州が、それを意識的に模倣した。それは企業の移転を促し、設立を容易にするための政策・法制化であった。一九二〇年代以降、スイスの一部の州がそれをまねた。

同じパターンは、現代のEU加盟諸国にも見られる。そしてグローバリゼーションが急速に進行する中で、企業や銀行、富裕層の資産（そして娯楽やカジノ）を誘致する政府間競争に再現されている。

逆に、第二次世界大戦後、大英帝国が縮小する過程では、バージン諸島のような半独立状態の領土で、イギリス政府は脱植民地化の統治コストを節約しようと考えた。世界の富裕層がそこでわずかに税金を支払うことでイギリスの負担を減らし、特殊な金融サービスを受ければよい、と考えたのだ。〔Brooks（2016）〕

●ユーロダラー市場

帝国の金融ネットワークによって繁栄してきたシティは、帝国の解体によって主要なビジネスを失いつつあった。大英帝国が決定的な衰退に向かう転換点、スエズ紛争以降、ポンドが投機的に売られるようになった。国際収支危機と資本逃避に直面したイギリス政府は、非居住者の貿易金融におけるポンドの利用を制限した。シティはこれに対抗して、アメリカ・ドルを利用した同様のサービスを提供するようになった。［パランほか（2013）二一六頁］

このときイングランド銀行がこれを容認した。実際にはロンドンで行われている取引を、オフショアとして扱うことで規制せず、イギリス政府はシティの権益を拡大し、それを守ったのだ。一九五〇年代後半、ユーロダラー市場の創設は、イギリスの金融エリートたちが、概ね国家と独立に、規制を再編する力を回復したことを示した。これは、一九六六年でも、世界貿易の四〇％がポンドで取引されたことを考えれば、シティが大英帝国の金融センターからグローバルな金融センターに変わる重要な意味を持った。［ヘライナー（2015）第四章］

戦後の国際通貨体制は完全なドルの支配ではなく、ポンドとドルの協調体制であった。ユーロダラーについて、シティとアメリカ政府は互いにその仕組みを利用することを考えた。一九六〇年代から、アメリカ政府は、ベトナム戦争やジョンソン大統領の「偉大な社会」建設のため、財政と国際収支が悪化し、ドル危機を生じていた。アメリカ企業が戦後に直接投資を増やし、多国籍企業となる中で、アメリカの銀行はこれに融資した。ドルが流出し、政府はこれを嫌った。

アメリカ政府は、国際収支不均衡の調整に金利を引き上げることを避けるため、外国政府や非居住者によるドル保有を増やしたかった。また、アメリカの多国籍企業や銀行は、国際取引への規制や金利への課税を嫌った。ドル保有のメリットを強める意味で、ユーロ市場を使えば、預金準備率規制や金利上限規制といった国内のニューディール型金融規制を回避できることを彼らは理解した。〔ヘライナー(2015)一三一頁〕

IBF*という仕組みは、一九八一年、アメリカがタックスヘイブンを排除するより、シンガポールをまねて国内規制や課税を回避する方法を提供するために設けられた。一九八六年、東京オフショア市場（JOM）もそれに続いた。

●ヨーロッパの小国家群

福祉国家と財政破綻を理由に、公平な競争条件を求めて国家の税制を回避するタックスヘイブンの正統性を主張するのは、一つの神話である。タックスヘイブンは福祉国家よりもずっと古い。しかし増税と金融の国際化が租税回避を刺激した。それがタックスヘイブンの黄金期、一九六〇年代から九〇年代の背景であった。

ヨーロッパのように、さまざまな高い税率を独自に設定する小国群が、一つの大陸を分割した形で統

＊　一九八一年にニューヨークに開設されたオフショア市場。預金金利の上限規制・預金準備率・預金保険制度などの規制を回避するためにオフショアに流出した米銀の国際銀行業務を引き戻すために創設。

治するなら、租税競争は激しくなる。オランダやアイルランドなどがアップルやスターバックス、フィアット、グーグルに与えた税の優遇措置について、EUは批判し、制裁金を課した。

税収を失って、北欧の福祉国家は消滅するのか？　そうとは限らない。人びとが生活し、企業が投資する場所を決める理由は、税率だけではないからだ。優れた社会福祉やインフラを整備しなければ、社会は豊かにならない。所得税や法人税の高さが、必ず雇用や成長を損なう、と考えるのは間違いだろう。

政治が税制改革を阻んでいる。右派は、何についても、どんな理由でも、課税に反対する。左派は、脱税さえやめさせれば財政の問題は解決したかのように主張する。しかし、望ましい改革とは、税率を下げ、課税範囲を広げ、税免除を廃止するため、グローバルに協力することだろう。[Harford (2016)]

北欧諸国が示したように、健全な経済と高税率は両立可能であるし、国民は進んで税金を支払う。ただし、そのためには透明性が重要である。それ以上に、税制を簡素化して、広く、シンプルに課税することである。

●新興諸国の開発戦略

一九七〇年代と八〇年代には、財政のひっ迫している太平洋やインド洋の島々に新しいタックスヘイブンが生まれた。

発展途上国の多くでは、そもそも税制が欠如している。彼らには開発に必要な歳入がなく、長期的な開発計画を担う制度がなかった。ここでも、たとえば、モーリシャスは税収を増やすため、インドの法人税制、キャピタルゲイン課税に対する抜け穴を提供したのである。［パランほか（2013）二八九頁；マーフィー（2017）六〇頁］

ツーリズムに代わる開発戦略として、世界銀行は弱小な貧困国に財源として金融ビジネスを指導した。「彼らはＩＭＦや世界銀行のみならず（イギリスやオランダの属領の場合）本国からも、金融サービスに特化するよう勧められてきた」。［パランほか（2013）三五九頁］

輸出加工区による工業化は、シンガポールから中国まで、世界中で、多国籍企業による直接投資とオフショア生産を増やした。しかし、こうした実際の工業力の移転、雇用の創出に比べて、タックスヘイブンによる特殊な「金融ビジネス」の誘致が経済全体の成長を刺激することは、ほとんど期待できない。タックスヘイブンがその島の生産性を持続的に高める理由は何もない。

かつて海賊に苦しんだジャマイカは、今も富を失っている。一七世紀の海賊と異なり、今はジャマイカの周辺に存在するカリブ海域の島々、たとえば英領ヴァージン諸島にタックスヘイブンがあるからだ。法人税を回避して、奪われた富の規模もわからない。政府は「国境なき税務調査官」ＴＩＷＢ（Tax Inspectors Without Borders）に支援を求めた。

ジャマイカへの国際投資は、特に、観光、鉱山、食品・飲料で盛んである。債務危機から回復するにつれて、利潤も回復している。しかし、企業はその所得を海外に移転してしまう。ジャマイカは二〇一五年に法を強化して、取引価格に関するより多くの情報を求めるようにした。高額の罰金と違反者に禁固刑も科すようにした。二〇一七年にはＴＩＷＢが指導員を派遣した。

しかし、各国の税制は異なっているため、多国籍企業がその差を利用するのは容易である。課税回避には終わりが見えない。そもそも多国籍企業がその子会社と取引する価格は市場価格ではない。ますます多くのデジタル・サービス、デジタル大企業が現れている。

●グローバル・ハイテク企業

香港やシンガポールには、イギリスの法律や商慣行、貿易・金融ビジネスが国家を超えて移植された。一九世紀のアフリカやアジアで、鉱山業やプランテーションを恒久的に管理しようとしても、イギリス人商人・投資家が求める所有権や法体系、商慣行は現地になかった。そうした土地で、軍事力や外交の圧倒的な優位を利用したシステムが「帝国」であった。しかし現代の多国籍企業や国際銀行は、そのグローバルなネットワークが現地の富にとって欠かせない条件になっている。それゆえ帝国の軍事介入なしに、国際投資は恒久的な支配を期待できる。［Frieden（1994）］

二〇〇八年のコラムで、ティム・ウーは「アメリカ人は今、情報を移動する電波帯の使用量に、エネルギーの使用と同じだけ支払っている」と書いた［Wu（2008）］。インターネットでつながるデジタル経済において、国家を超えた取引や所有の仕組みが整備されてゆく。新しい独占企業が現れることへの警戒、情報の利用や売買に関する新しい法律、規制・監視機関の強化を求める声が高まってきた。

フェイスブック、グーグル、アマゾンについて、二〇一八年のエコノミスト誌は、巨大企業を敵視し、恐れることは間違いだ、としながらも、その問題点を指摘した。プラットフォーム型のハイテク企業には、市場競争を損なう、という強い懸念がある。また、ビジネスの法的な基礎が不完全だ。フェイスブックやグーグルは、新聞社や出版社と違い、その利用者が得る情報についての責任を持たない。アマゾンによる購入は、店舗に課される税を支払っていない。

プラットフォーマー*は、ますます、デジタル経済そのものに不可欠な手段となっている。しかし、利用者にとって「無料」という意味は、その情報をただでプラットフォーマーに利用されている、ということである。ハイテク大企業は、その莫大な資本調達力によって、支配的な地位を拡大することができる。グーグルなしに企業は活動できず、国によってはウェブ検索の九〇%を支配している。また、フェイスブックとグーグルは、アメリカのオンライン広告収入の三分の二を支配する。

ハイテク大企業が、その利潤をタックスヘイブンに移し、特別な処理によって税を回避するなら、情報社会の基礎はいびつな形にゆがむ。ビットコインなど仮想通貨(暗号通貨)に加えて、フェイスブック

＊ 情報、サービス、システムのための基盤をインターネットで提供する事業者。検索、通信販売、ウェブ・ブラウザー、スマートフォンのOS、ソーシャルメディアなどで膨大なデータを集め、独占的地位を得る。

が準備するリブラ*が登場すれば、企業や個人の税回避、犯罪組織の資金洗浄、政治家による公金の横領、賄賂の秘匿先としてオフショア金融センターが利用され、通貨・金融システムや財政にも影響すると心配されている。

●汚職、ギャンブル、プロスポーツ

現代では移住しなくても、課税回避の手段が豊富にある。マルタ島について考えてみる。マルタには、富裕層のためのショップ、ヨット・ハーバー、ハイテク・ビジネスやホテルを集めるスマート・シティがある。しかし、マルタが富裕層を獲得する最新の方法は、オンライン・ギャンブル、オフショア・バンキングである。[Cohen (2018)]

マルタは、自国のEU市民権を、政府に六五万ユーロ支払い、三五万ユーロ以上の不動産を買う者に与える。こうした市民権の販売について、それは「汚職を広め、組織犯罪者を引き入れ、マネー・ロンダリングをEUに持ち込む」と、ヨーロッパ議会が警告した。

ブレグジットは「小さな人びと」のためになるとして支持された。しかし、人びとは所得の減少や失業に苦しむだろう。他方、ブレグジットを指導した者たちは、アイルランドに投資銀行を設立し、あるいは、ジブラルタルからビジネスを管理する。彼らは自国を管理する権利を主張するが、自分の金はオフショアのタックスヘイブンで貯めている。

パナマ文書やパラダイス文書が示すように、課税回避は富裕層、プロ選手、不労所得者の間に広まっている。グローバルな課税回避ビジネスにより勧誘されるからだ。世界の超富裕層たちは、アメリカでも、フランスでも、世界のどこに住んでいても、定期的に招待を受けている。法律事務所や仲介業者がシェル・カンパニーを通じて、オフショアバンクの口座、信託、基金を売る。それによって資産とそこから生じる所得を課税から切り離すのだ。

政治と社会はグローバリゼーションに適応できていない。過去三〇年間、グローバリゼーションの勝者は所得を急激に増大させた。しかし、彼らへの税率は、上昇するどころか、むしろ劇的に減少した。一九三〇年から一九八〇年まで、アメリカの所得税の最高限界税率は、平均七八%であったが、今では三七%である。これは経済的にも政治的にも持続可能ではない。

政府は仲介業者に厳しい制裁を科すべきだ。あまりに高額の所得は、選手たちを社会的に好ましくないものにする。それゆえアメリカのプロスポーツでは、アメリカンフットボールのNFLが給与の上限を、バスケットボールのNBAが高額の課税をチームに求めている。

プロスポーツは経済の一部であり、不平等はわれわれの選択である。政策によって拡大することも、縮小することも可能だ。[Zucman (2018)]

＊　フェイスブックが提供すると発表した暗号通貨。スマートフォンやインターネットで、世界のどこでも、だれでも、共通の通貨として利用できると主張。既存の銀行や金融秩序、政府にとっての脅威になる。

●世界の不平等と税制

トマ・ピケティたちによる『世界不平等報告』は、不平等が増大するとき、これを監視し、対策を採らなければ、政治・経済・社会における破局に至ると警告した。特に一九八〇年以来、北米、中国、インド、ロシアで不平等が顕著に増大し、ヨーロッパでは平等な分配が維持されたことを示している。〔Alvaredo *et al.* (2017)〕

多くの国で一九八〇年から公的資産が減少した。その結果、政府が経済を規制し、所得を再分配し、不平等を是正する能力が制限された。特に、劇的に不平等が増大したのはロシアだ。その国によって不平等の原因は異なるが、アメリカの場合、教育システムと税制の問題が指摘されている。

不平等を是正する上で、第一に重要な点は、累進的な税制の導入である。しかし、一九七〇年代から二〇〇八年の世界金融危機が起こるまで、税の累進性は大幅に減少してきた。そして、富裕層への増税で大きな障害となっているのがタックスヘイブンである。グローバル化する世界で、資産や資本所得に対して課税することが非常に困難になっている。

報告はまた、教育システムや良い報酬を得る仕事に就く機会を、もっと平等に得られるような改革を求めている。労働者が企業の経営により大きな発言力を持つことや、最低賃金を引き上げることも同様に重要だ。不平等を是正することは未来への投資である、とピケティたちは強調する。

たとえばオックスファムは、不平等の解消と、女性差別に依拠したシステムの改革を訴え、無償の家

事労働や養育・介護への支払い、公的給付と投資を求めている。［OXFAM（2020）］

✔世界で最も裕福な二二人の男性は、アフリカのすべての女性よりも多くの富を持っている。

✔世界で一五歳以上の女性が提供するケア・ワークに対して支払われていない貨幣額は、少なくとも、年間一〇兆八〇〇〇億ドルである。

✔世界で最も裕福な一％の人びとに今後一〇年間に追加で〇・五％の富裕税を課すことで、教育、医療、老人介護、その他の分野におけるケア不足を埋める一億一七〇〇万人を雇用できる。

✔世界全体で、男性は女性よりも、五〇％多くの資産を所有している。

✔地方のコミュニティーや低所得国の女性は、支払われないケア・ワークに、一日に一四時間も従事しており、それは男性の五倍である。

●権力の構造的歪み

『世界不平等報告』を受けて、不平等な社会が民主主義と両立することはない、とイギリスのガーディアン紙は主張した。権力の構造的歪み、政治秩序と経済のダイナミズムが乖離し続けた結果、地殻変動が生じている。

西側において、この四〇年間の支配的イデオロギーは、民営化、規制緩和、そして最近は、財政再建・緊縮策であった。その結果、有権者の集合的な権力が制限された。より大きな利潤や配当、より低い所得税が求められ、国民所得のますます大きな割合が最富裕層に分配された。富を創り出し、贅沢に支出するべきだ、という文化が根づいた。

グローバリゼーションは、北米とヨーロッパ（そして日本）の中下層に属する人びとにとって、賃金を高めなかったのだ。こうした政策が毒素を政治に流した。反エスタブリシュメントの諸政党は、今や、一九三〇年代以来最高の支持を得ている。主要政党は、競って同様に過激化するか、消滅した。

市民たちの嘆きは正当であり、解決される必要がある。しかしイギリスでは、システムへの反感が権力争いに利用され、ブレグジットをもたらした。アメリカでは、白人労働者たちの怒りを刺激したドナルド・トランプが、〇・一％の最富裕層のために自国をタックスヘイブンにする税制改革を行った。

政治家たちはもっと公平な解決策を推進するべきだ。累進的な税制や、タックスヘイブンに富を隠すことができないようなグローバルな金融登録制度。市民にふさわしい医療、教育、福祉の実現に向けた支出の増額。富裕層はふさわしい負担を引き受け、税金を支払うべきだろう。

結び

上位〇・一％の富裕層に有利な政策を実現する政党が、普通選挙によって支持され続けるには、どうすればよいのか。これが共和党の解決すべき問題だった〔Wolf (2017a)〕。その答えが、ポピュリストのトランプを大統領にすることだ。トランプは、有権者の分断を煽ってエリートを敵視し、特に白人貧困層から支持を集めている。

●グローバルな課税システム

正しい、グローバルな税制改革をめざすべきだ。移動可能な資本とグローバル企業にも課税する。金融的な複雑化を排して、投資を促す課税方法にする。労働や生産活動ではなく、レント（不労所得）に課税する。複雑な課税回避、法人税の引下げ競争をやめさせる。〔Wolf (2019a)；Lagarde (2019)；Stiglitz (2019)〕

ＩＣＲＩＣＴ*は、多国籍企業や富裕層の課税逃れの問題を解決する提案を行っている。

多国籍企業が利潤をタックスヘイブンに移転して課税を回避するなら、世界は持続可能な発展を実現できない。新しい国際課税システムを築くべきである。より大きな透明性と、経済活動が行われる場所で、利潤に課税するシステムが必要だ。それはまた発展途上国が開発のための資金を確保する財政基盤を与える。

多国籍企業は、その資金とパワーを用いて、政治家や各国の政策に強い影響力を行使できる。ＯＥＣ

＊　国際企業課税の改革を求める独立委員会。各国の利点よりグローバルな公共的利益の観点から、公平かつ効果的で、開発のためにも持続可能な課税を、広く、包括的議論を通じて実現することを目的としている。

Dが依拠してきた、多国籍企業の子会社を独立した会社と認め、アームス・レングスの「移転価格*」に合意する仕組みでは、利潤の移転が容易にできてしまう。ICRICTは、それゆえ透明性を重視する。各国が多国籍企業に、活動に関する基本的な情報の公開を求めることは、公平な税制に必要なだけでなく、市民社会が監視し、問題を議論するために必要なのだ。

ICRICTが求める多国籍企業の利潤に対する統一的な国際税制は、グローバルな最低法人税と、国際的に合意された公式に従って各国に配分される法人所得に基づく。配分において考慮すべき要因は、その国における雇用者数、販売額、利用する資源、固定資産などである。

国家間で税収を分配することは非常に困難で、合意できない、という反対論がある。ICRICTは、各国が多くの税収を求めるだけでなく、多国籍企業による投資を誘致しようとすることから、この二つがバランスするような公式に合意することは可能である、と考える。また、国家間で法人税率を引き下げる競争に向かうことについては、グローバルな最低法人税率を導入することで解決可能である。その水準を超えた課税については、各国政府が独自に設定して税収を得る。

税制は民主主義と切り離せない。経済活動のグローバル化が進む中で、国際課税に関する合意は、必要な制度を築くための基礎である。既存の課税システムでは、多国籍企業の意見、その本社が依拠する豊かな諸国の意見が優先されてしまう。広範な民主的圧力があるとき、改革に向けて政治を動かすことができる。すべての国の市民社会が声を上げるべきだ。

●アメリカ大統領選挙

アメリカのトランプ大統領やブラジルのボルソナーロ大統領**のように、強権的な指導者は、持つ者と持たざる者との格差への不満を政治的に利用しながら、実際はそれを拡大する政策を採っている。人びとの怒りを煽って、人種差別主義、性差別主義、マイノリティーへの攻撃を支持した。

ドナルド・トランプ大統領の弾劾審査で、最初の日に、エリザベス・ウォーレン***が民主党の大統領候補指名争いのトップに立った。ウォーレンは、金持ちのエリートに有利な「不正なシステム」に反対して立候補し、国民皆保険を実現するための「富裕税」を提案した。「権威主義体制と汚職にまみれた資本主義」のグローバルな結婚が、クレプトクラシー****に向けた滑りやすい坂道にアメリカを押し出す、と

---

* 企業グループ内部の取引で使用される価格。国境を越えた取引の場合、税率を考えて企業は価格を操作する。それを防ぐためにアームス・レングス（市場と同じ適正な価格）が求められる。

** ジャイール・ボルソナーロ。二〇一九年からブラジル大統領。元軍人で軍事独裁政権を支持。アマゾンの森林保護より開発を優先。温暖化を容認。LGBT、女性、ジャーナリストを攻撃する極右指導者。

*** 二〇二〇年のアメリカ大統領選挙に向けて民主党の候補者指名争いに立候補した上院議員。家庭の破産と医療費・教育費の関係を重視。金融危機後、消費者金融保護局の創設に貢献。三月三日のスーパーチューズデーで敗北を認め、退場した。

**** 泥棒政治。政治エリートや官僚、権力者とその仲間による国家を略奪する政治システム。空港、病院、学校の建設に絡む公金横領、政治家の汚職・収賄。権力や公的地位による資産形成。

彼女は警告した。

もしアメリカが世界中で民主主義を守ると言うなら、まず自国のシステムを清潔にすることから始めるべきだ。ウォーレンはそう主張した。

第4章❖ポピュリズムの広がり

国境に壁を作る，NAFTAやTPPを否定する，NATOも気に入らない。中国など貿易黒字国に，また工場を海外移転する企業に，圧力をかける。リアリティー・ショーやプロレスから現実に持ち込まれた異常な言動。なぜ人びとはポピュリストを支持するのか。民主的に権力を得て，独裁をめざす。あるいは，ポピュリストは民衆の声を吸収し，政治を変える時代の声なのか。政権に参加し，旧政党を解体し，政治経済のモデルを変える。

第一節　アメリカの殺戮を終わらせる

●トランプ当選の衝撃

ドナルド・トランプが当選したとわかった二〇一六年一一月九日は、ベルリンの壁が崩壊した一九八九年一一月九日に重なって、歴史を変えた日になった。

これは、アメリカ版のブレグジットである。

その衝撃に揺れるニューヨークの姿を、ニューヨークタイムズの記者が描いた[Cohen (2016a)]。グローバリゼーションと技術革命に直面したアメリカ人の怒りと不安が、たとえいかなる混乱を生じても現状を変える、という有権者の決意に至った。

トランプのメッセージは明白だ。エリートは要らない。専門家も要らない。現状維持には我慢できない。「政治的な正しさ」やリベラルな知識人たち、彼らが支配するメディアにもうんざりだ。金融ビジネスの魔法使いたちは二〇〇八年の金融崩壊を招き、雇用は海外に消えた。

記者は、「偉大な都市、ニューヨークが衝撃を受けて沈黙した」と書いた。そして、バラク・オバマが勝利したことを祝った二〇〇八年、二〇〇一二年のタイムズスクエアと大きく違う景色に驚く。東海岸と西海岸のエリートたちは、その傲慢さによって中部の人びとの怒りを否定し、無視してきた。そのことが、今、トランプの登場につながった。

トランプは得票数ではヒラリー・クリントンに負けていた。しかし、「選挙人」をより多く獲得した。支持票の少なさをトランプは認めようとしなかった。就任演説に集まった人びとが実際には予想以上に（オバマの就任式より）少なく、それを示す映像と、翌日には女性たちの抗議デモが起きたことも、トランプは無視した。アメリカの政治と、アメリカが国際秩序に果たす役割を、トランプは選挙戦で何度も否定した。

●就任演説

二〇一七年一月二〇日のホワイトハウス前で行われたトランプの就任演説は、彼が担う「運動」の意味を世界に向けて宣言するものだった。

ワシントンは栄えたが、国民はその富を共有しなかった。政治家たちは豊かになったが、仕事はなくなり、工場は閉鎖された。エスタブリシュメントたちは自分たちを守ったが、この国の市民は守らなかった。

彼らの勝利はあなたたちの勝利ではなかった。彼らの成功はあなたたちの成功ではなかった。彼らはこの国の首都で祝っていたものの、国中の各地で苦しむ家族たちにとって祝うに値することはほとんどなかった。

（中略）

この運動の中心には、不可欠な信念がある。国家は市民に奉仕するために存在する、という信念だ。アメリカ人は子どものためにすばらしい学校を求め、家族のために安全な近隣地区を求め、自分たちに良い仕事を求めている。正義の人びと、そして正義の社会にとって、これは正当で、当然の要求である。

しかしこの国の市民のあまりに多くにとって、これとは異なる現実が存在する。インナー・シティー（都市の中心部）で母親と子どもたちが貧困の罠にはまった。われわれの国のいたるところに、さびついた工場が墓石のように立つ景色を観る。

就任演説は、自分が登場したことの意味を宣言する。「このアメリカの殺戮《さつりく》は、ここで、たった今、終わる（This American carnage stops right here and stops right now.）」。

何十年にもわたり、われわれはアメリカの産業を犠牲にして外国の産業を豊かにしてきた。他国の軍隊を援助してきたが、その間もわれわれの軍隊が悲しく消耗していくのを許した。他国の国境を守ったがその間もわれわれの国境を守ることは拒んだ。そして海外では何兆ドルも費やしながら、その間もアメリカのインフラは補修もされず、荒廃していった。

トランプは約束する。今日から先、すべては「アメリカ第一」、ただ「アメリカ第一」に行う、と。トランプがアメリカ大統領になるという現象は、顕著な欠陥を持つ政治家がグローバルな権力構造のトップの地位を民主的選挙で得る、ということを世界に示した。確かにそれは、社会や政治、国際秩序の在り方に、重大な欠陥があることを示すものだ。

貿易、税金、移民、外交に関するすべての決定は、アメリカ人労働者とアメリカ人家族の利益となるよう行われる。われわれの製品を作り、われわれの企業から盗み、われわれの職を破壊する、そのような他国の侵略から、われわれはこの国の国境を守らねばならない。保護することが、偉大な繁栄と力に導くのだ。

トランプの就任演説には、これまでにない言葉とイメージが繰り返された。それは、まるで黙示録的な終末映画の台本を大声で読み上げているような演説だった。[James (2017)]

●大統領としての異常さ

トランプは、不動産取引とホテルやカジノの経営で財を成した。テレビのリアリティー番組*の司会者として人気を博しただけでなく、自らプロレスの試合に乱入して闘った最初の（そして、おそらく最後の）アメリカ大統領となった。[Luce (2017) pp. 124-126]

トランプはプロレスの愛好家であり、長年、WWE（World Wrestling Entertainment）のプロレス興業に関与してきた。ルースは、WWEが示すアメリカのポップカルチャーを、中世ヨーロッパの「熊いじめ**」に等しい、と指摘した。それは観客に、悪役、ヒーロー、アンチ・ヒーロー、犠牲者を提供する、暴力的なソープ・オペラ（昼の短い連続ドラマ）であった。

WWEの脚本は変化し、それがアメリカ中産階級の心の暗黒面を示していた。冷戦終結後、かつての善玉と悪玉に代わって、個人的で醜悪な紛争にもとづくドラマが主流になった。悪人は外国ではなく、身近な場所に現れた。暴力の犠牲者はそれに対して復讐する。

WWEの最も衝撃的な変化は、ドラマからヒーローがいなくなったことだ、とルースは書いている。信頼できるものがいない。レスラーたちは、毎晩毎晩、町から町へ移動しながら、新しい、壊れた社会の物語を演じた。それは個人的な痛み、血の復讐劇、快楽主義、苦しみを他者にもたらす報復の喜びだった。

しかしその頃から、WWEはプロレスへの人気をUFC（Ultimate Fighting Championship）に奪われる。

UFCは、脚本のない、鋼鉄の檻に入って闘うプロレスだった。ボクシングや武術、キックボクシングを含む、流血の総合格闘技だった。

トランプは初期のUFC興業も支援した。彼はスペクタクルを愛した。UFCとポップカルチャーの関係は、トランプと政治との関係に等しい。すなわち、野蛮な、許されない「品種」である。

トランプの異常な言動から、大統領にふさわしくない、と断じる声は強かった。その醜聞としては、たとえばBBCの記事が、***トランプによる性的な加害行動を訴えた三人の女性を紹介している。また記事にも言及された公開映像として、トランプの会話記録があった。「こっちがスターだと、向こうはやらせてくれる。何でもできる。pussy（女性器の俗語）をわしづかみにする。何でもできる」と、トランプはNBCの番組の舞台裏で語っていた。［Rachman（2018）も参照］

アメリカの中産階級は政治にもっと冷笑的であるのかもしれない。人びとは、プロレス的な政治を求めている。他方、不安と恐怖を感じる人も多くいた。ジョージ・オーウェルの『一九八四年』やオルダ

＊　現実に起こっている困難な状況に、素人たちが直面する。特殊な環境に置かれた人たちの様子や会話を放映する。投票で参加者が毎週脱落し、最後まで残った参加者は多額の賞金を得る。

＊＊　つないだ熊に犬をけしかけたイギリスの昔の見せ物。どれがもっとも勇敢な犬か、賭博にも利用した。熊だけでなく、さまざまな動物を競わせ、殺すスポーツや見世物が世界各地にあった。闘牛、闘犬、闘鶏など。

＊＊＊　「トランプ氏による性的加害行動、複数女性が記者会見　無理やりキスも」BBC NEWS JAPAN 二〇一七年一二月一二日。

アメリカ合衆国がドナルド・トランプに面接している。
「私には多くの友達がいる」。「中国も，ヨーロッパも，彼らの得意先だ」。「移民やイスラム教徒は爆弾を持ち込む。北朝鮮と同じだ」。「サウジアラビアを信用するな。私の言うことを信じろ」。
「こんなことは続けられないぞ。壁を建てるから」。
「あなたの外交政策は一貫してないですね」。「何か問題があるか？」（“KAL’s Cartoon,” *The Economist,* March 31, 2016）

ス・ハクスリ『すばらしい新世界』が、書店で急速に売り上げを伸ばした。*
[Luce (2017) pp. 128-129]

●壁を作る

主な政策課題に関するトランプの主張は矛盾しており、容易に分類できない。

メキシコ国境に壁を作る、とトランプは訴えた。しかも、費用はメキシコ人に支払わせる。イスラム教徒を入国させない。中国やドイツのような、アメリカに対する巨額の貿易黒字を出す国の政策を、二国間交渉で改めさせる。オバマケア (the Affordable Care Act) を廃止し、もっと素晴らしい制度を導入する。石炭採掘や製造業の雇用を取り戻す。NAFTAやTPPから離脱する。中産階級のために減税する。

トランプの議論は、事実に反するもの、経済学・国際政治の専門家から見ると、基本的な理解を欠いたものが多かった。国境に壁を築いても移民は減らず、二国間交渉だけでアメリカの貿易赤字が減ることもないだろう。トランプは、本を読まない、と公言していた。

●反ネオリベラリズム

トランプの特徴は、ネオリベラリズム**からの明確な離脱にあった。[Judis (2016) pp. 64-71]

政府の統治能力に対する不満、民主主義や政治的な議論のあり方、主要政党に対する不信感が有権者に広まっていた。トランプには、旧来の、共和党の穏健な考え方と、共和党・民主党に共通した基本方針を逆転する反ネオリベラリズムとが、混在していた。

たとえば、オバマ大統領の社会保障制度改革に共和党は激しく反対したが、トランプは医療保険制度

---

* 『一九八四年』『すばらしい新世界』は、どちらもディストピア小説の古典。真実、快楽、出産を官僚制が科学的に管理し、歴史や宗教、文化、個性を否定する未来社会を描く。

** 新自由主義。私的所有権、自由貿易、自由市場の枠組みを重視する。個人や企業がその能力を自由に、無限に発揮できるとき、人類の富と福祉が最大となる。政府の介入や再分配を否定。

や社会保障を支持した。選挙戦においても明確に支持を表明し、国民皆保険制度を導入する、とまで言った。トランプの支持者は、共和党のような市場自由化を原理として信奉しない。「小さな政府」を支持するリバタリアン*ではなかった。

トランプは、信仰や妊娠中絶の問題を重視する保守強硬派ではなかったし、ビジネス界の政策をそのまま取り入れることには反対した。トランプは、不動産開発業者の多くがそうであるように、オバマ政権に対しては共和党が強く反対してきたような、大規模なインフラ投資を好んだ。

共和党・民主党の大統領たちと異なり、トランプは防衛・安全保障政策の転換を示唆した。中東におけるアメリカの軍事介入を強く批判したトランプの考え方は、「外交におけるリアリズム**」の一種であり、共和党のネオコン***や民主党のリベラルな国際介入主義とは逆の姿勢である。[Judis (2016) p. 67]

また、トランプによると、アメリカは、日本やサウジアラビアなど、同盟諸国の安全保障を負担しているが、彼らはもう十分に豊かで自分で負担できる。ＮＡＴＯ（北大西洋条約機構）はヨーロッパがフリー・ライド（ただ乗り）する仕組みである。アメリカは自国の農民、病人、ホームレスのためにもっと支出するべきであり、外国に対する安全保障の負担をやめるべきだ。

トランプは、自由貿易にも反対した。ＮＡＦＴＡ****に反対し、中国に最恵国待遇を与えることにも反対した。アメリカは中国に対する貿易赤字によって雇用を失った、と考えたからだ。ＴＰＰに反対し、大統領就任後の最初の仕事として、離脱に向けた大統領令に署名した。トランプは、アウトソーシングやオフショアリング、工場の海外移転に頼る企業にも反対した。国内の製造業を再建し、雇用を取り戻す、と約束した。

温暖化が人類の炭素排出量による、という主張を受け入れず、温暖化ガスの排出抑制に取り組むパリ協定からの離脱を通告した。石炭業を復活させるため、環境保護庁（EPA）に新しい長官を指名してエネルギー政策を逆転させた。

トランプは、これまでの移民政策を、アメリカの利益にならないと批判した。そして、安価な移民労働者を求める特殊な利益団体を非難した。トランプは、「犯罪者、麻薬中毒者、強姦魔たち」をアメリカに送り込んでいる、と述べて、メキシコ政府を責めた。こうしたメキシコ人やイスラム教徒に対する侮辱と攻撃は、トランプの選挙運動で中心的な役割を果たした。

＊　政府の役割や保護を否定し、完全な自由市場を信奉するリバタリアンと、伝統的な自由主義者と、ヨーロッパの社会民主主義やケインズ主義を支持するリベラル派とが、アメリカ政治で厳しく対立する。

＊＊　国家の外交・安全保障、平和の条件を、軍事力を中心とした大国間の均衡で考える。

＊＊＊　新保守主義。リベラルによるマイノリティの権利要求、新自由主義の私的自由・利益の追求を、ともに行き過ぎと考え、内外の危機、国家による秩序回復、治安・安全保障、社会道徳と結束を重視する。

＊＊＊＊　北米自由貿易協定。アメリカ、メキシコ、カナダが参加する自由貿易協定。貿易だけでなく、サービス・金融・投資の自由化、知的財産権の保護、紛争処理手続きを含む。環境と労働に関する補完協定がある。トランプ政権になって再交渉し、二〇一八年、ＵＳＭＣＡに合意。

グローバリゼーションやネオリベラリズムの政策の中心にある考え方だけでなく、既存の政治的コンセンサスをトランプは否定した。

第二節　ポピュリズムの広がり

●アメリカのポピュリズム

トランプは異常な指導者だが、そのスタイルには先行者がいた。ジョン・B・ジュディスは、ヒューイ・ロング、ジョージ・ウォレス、ロス・ペロー、パット・ブキャナンを挙げた。彼らの言動は、トランプがその優れた後継者であることを示している。[Judis (2016)]

ポピュリズムはアメリカ政治の一部に組み込まれており、それぞれ短期間ではあったが、重要な役割を果たした。アメリカ政治は、通常、二大政党制によって社会問題を争った。しかし重要な社会的・経済的な変化が起きた時代、また、アメリカの国際的な役割が変化する時代には、有権者たちが二大政党の主張から離れ、ポピュリストへの支持に動いた。

●ロングとウォレス

ヒューイ・ロングは、一九二〇年代のアメリカが好況から大恐慌、そして大不況に変わったとき、新しく現れた民主党多数派に影響を与えた。彼は貧しい農村の出身であり、社会主義の支持者が多かったルイジアナの政治家として、石油会社や「マネーの権力」を攻撃した。一九二八年に州知事となり、道路建設や医療システム、多くの学校を建設するため、また貧しい者への減税のために、石油会社への増税で資金を得ると主張した。ロングの左派ポピュリズムが支持を高めたせいで、F・D・ルーズベルトはニューディールにポピュリストの要求を大幅に取り入れた。

一九六〇年代には、左派・市民権運動がアメリカ政治を動かした。アラバマの田舎町に育ったジョージ・ウォレスは、次第に、右派ポピュリストとして人種統合に反対し始めた。強制バス通学は、白人労働者の地区を破壊すると主張し、ウォレスはワシントンの官僚支配に敵対した。

アメリカ白人の中産階級は、ニューディールで民主党が進めたマイノリティーの権利や再分配の拡大を支持していた。しかし、リンドン・ジョンソン大統領が「偉大な社会」から「貧困との戦い」を進めると、それを自分たちの負担や犠牲になるとみなして反感を持つようになった。こうしてニューディール連合が壊れ、一九七二年の大統領選挙では、南部の民主党支持層が共和党に移った。

他方、共和党支持層で専門職に就く人びとは、仕事の自律性や満足を得られなくなったと感じた。彼らは、規制されない資本主義を批判し、その後、左派のバーニー・サンダースの支持者になる。

●カーター、ペロー、ブキャナン

ネオリベラリズムの「勝利」が、ブレグジットとトランプのポピュリズムを生み出した。ネオリベラリズムの政策は、ヨーロッパや日本と同様、一九七〇年代の経済不振に対する挑戦として始まった。

[Judis (2016) pp. 39-46]

企業は、外国市場の開放とともに、一九六五年の移民法改正が示すような、安価な労働力の流入促進を支持した。かつて、労働組合が組織された部門では賃金が上昇していた。しかし発展途上国からの輸入が増え、競争激化に対して、工場は組合の弱い州や海外に移転された。主に農業、食品加工、ホテル、サービスなどで移民たちは働き、アメリカ人労働者の賃金水準も下落していった。

民主党は、最初、こうした政策に反対した。しかし、カーター政権が求めた労働法の強化、累進的税制、消費者保護、政治資金規制は、共和党の反対とビジネス界のロビー活動によって敗退した。その後、不況でもインフレが進むスタグフレーションにより、ケインズ主義の需要管理政策が信用を失い、価格統制も支持されなかった。サプライ・サイド改革としての減税や、インフレ抑制のためのマネタリスト的な高金利は、激しい不況と高い失業率、低賃金をもたらし、不平等を強めた。それでも、ニューディール型のリベラリズムや製造業を守る産業政策は、むしろ成長を損ない生活水準を低下させる、という理由で否定された。

金融の規制緩和に続く好況期には、ネオリベラル政策が、低賃金のサービス部門と高賃金の専門職で雇用が増える「二重経済」をもたらした。テキサスのビジネスマン、大富豪として、二大政党とは独立に立候補したロス・ペローは、NAFTAで雇用が失われた、と批判した。また、ニクソンとレーガンのスピーチ・ライターであったパット・ブキャナンは、増税を避けて海外に軍事的関与を過剰に拡大し、日本やヨーロッパからの経済的挑戦に応えていない、とジョージ・H・W・ブッシュ政権を右から批判した。既存のワシントン政治を批判する彼らの姿勢はトランプにつながる。

ITバブルがはじけ、二〇〇一年の9・11テロ攻撃とその後のイラク戦争は、ついにネオリベラリズムの光を遮った。二〇〇八年の世界金融危機と、ティー・パーティー*（茶会運動）やウォール街占拠運動**を動かした政治のダイナミズムは、トランプに、ネオリベラリズムに反対するポピュリズムの指導権を与えた。トランプ政権を生んだ決定的要因は、金融危機と、その後のオバマ政権の失敗、すなわち、金融機関救済と住宅差し押さえの放置である。

こうして、トランプの選挙戦を通じて支持を集めた主要テーマがそろった。移民、NAFTA、脱工業化、不平等、エリートたちの失敗と無責任。

＊　一七七三年のボストン茶会事件をまねた、共和党・反オバマの、保守派による増税反対運動として長く続いた。

＊＊　リーマン・ショック後、職のない若者たちが、政府に対する金融ビジネスの影響を批判して、抗議のためにウォール街に近い公園 Zuccotti Park を占拠した。

●ポピュリストとはだれのことか

ポピュリズムは一貫した原則を持った運動やイデオロギーではない［水島（2016）第1章；ミュラー（2017）；Judis（2016）など］。その特徴は、「人民」と「エリート」とを対抗するものと観る姿勢、政治的討論のスタイルである。人びとの間にある不満や、貧困層の苦しみを吸収し、エリートを糾弾して権力を握る。左右の社会運動と関わり、しばしば、カリスマ的な指導者によって政権打倒に「人民」を動員する。

ドナルド・トランプは、ポピュリストの典型とは言えない。しかし、ハンガリーのオルバンやイタリアのベルルスコーニと同じく、トランプはポピュリスト的な指導者である。

ポピュリストとはだれのことか。それは、その人物がよく使用する表現、主張が、ポピュリスト的かどうかで判断できる［Lewis *et. al*（2019）］。たとえば、ベネズエラのヒューゴ・チャベスが最もポピュリスト的な政治家である。他方、アンゲラ・メルケルはまったくポピュリスト的ではない。

二一世紀に入ってポピュリスト的指導者は倍増した。今や四〇か国以上、二〇億人が彼らの統治する国で暮らしている。

ポピュリストたちの発言には、たとえば、次のようなものが挙げられる［Rice-Oxley *et al.*（2018）；Smith *et al.*（2019）参照］。その中心にあるのは三つのテーマだ。第一に、善と悪とが戦う、という二元論的世界観。第二に、普通の人びとを称えるロマン主義。第三に、人びとが苦しんでいるのは、悪意あるエスタブリシュメントがシステムを操作し、服従させているからだ、という反エリート主義。

アメリカ大統領、ドナルド・トランプ……「人民は自国の支配権 control、そして、自分と家族の生活についての支配権を取り戻したいと考えている」。

「これは単なる四年ごとの選挙ではない。これはわれわれ人民が政府の支配権を取り戻すかどうかを決める、文明史の分岐点である」。

「この腐敗したマシンを止めることができるのはあなたたちだけだ。この国を救えるほど強い力を持つのは私たちだけだ。この腐敗したエスタブリシュメントを投票で追い出すほど勇気がある人民は、あなたたちアメリカ人だけである」。

「政治的エスタブリシュメントは何でもやるぞ。あなたたちを犠牲にして、威信と権力を維持するために、彼らはどんな嘘でもつくだろう。それこそ今までに行われてきたことだ」。

フランス国民戦線、マリーヌ・ル・ペン……「フランスの人民が、傲慢なエリートたちから自由になるときだ」。

イギリス独立党（UKIP）、ナイジェル・ファラージ……「ブレグジットとは、庶民がエスタブリシュメントを倒すために蜂起したことを示しており、今、私たちは、アメリカでも同じことが起こったのを観た」。

●デモクラシーとポピュリスト

デモクラシーに参加する政治家は、すべて、ポピュリストではないか。

ロバート・A・ダールやジョン・キーンの研究によれば、集団的な権限・権力の行使において、合意によって全体の方針を決めること、そのための仕組みがデモクラシーである。上からの一方的な強制を拒む。そして権限を行使するのは、集団の意思を正しく反映する者だけである。

> 対等な者同士として自分たちを組織し、あれこれの行動の段取りについて協議して決めるというアイデアは、まことにセンセーショナルな発明だった。〔キーン（2013）下、三八九頁〕

デモクラシーは、権力を行使する者を選び、ふさわしくない者を追放する。さまざまな形を取る中で、ポピュリズムはその変種として各地にあった。小集団では合議制が可能だが、集団の規模が大きくなれば「代表制」が必要だ。この代表メカニズムを、ポピュリストたちは攻撃し、悪用する。

ポピュリストと他の政治家の姿勢とは、何が違うのか。「人民」とはだれのことか。民主的選挙では、だれでも「大衆迎合」によって票を集めようとする。ポピュリズムは、その意味で、民主主義の一部である。デモクラシーに、特定の公式や理想型は存在しない。世界各地で歴史的に模索されてきた。

ポピュリズムは、民主的な政治体制を動揺させる要因であった。ラテンアメリカでは、特に、大統領が選挙前に好景気を求め、有権者に多くの約束をし、政府支出を増やした。また為替レートを対ドルで固定し、好景気による資本流入が続いた後、次第に、インフレの加速、輸出競争力の低下、貿易不均衡と外貨準備の減少に至った。その結果、大統領選挙のたびに通貨危機が起きた。

ポピュリズムは、新興独立国や民主化された国で、支配の正統性と利益・ポストの分配をめぐる、激しい、ときには暴力的な選挙戦に導いた。そのような選挙では、宗教や部族によって有権者を大規模に動員し、敗北した側が選挙結果を受け入れない。資源採取ビジネスに頼る貧しい独立国家では、利権をめぐる内戦状態となり、紛争が長期化した。ときには無秩序な状態が近隣地域にも拡大し、難民流出の連鎖になった。

ポピュリズムは、超富裕層や強権的な指導者が、貧しい人びとの支持を演出し、あるいは、あからさまに偽造することで、操作された民主的権力を演出し、国際秩序を再編するエネルギーにもなった。

第三節　民主政治の周辺において

●ラテンアメリカ

独裁者の肥沃な土壌が広がっている。モイゼス・ナイムは、二〇〇九年に、権力の新しい〈調理法〉を紹介した［Naím (2009)］。世界には、以前のようなクーデタによる民主体制の破壊が少なくなった。

しかし、独裁者を生み出す新しい権力掌握術が開発されていた。

新しい権力術は、軍の中佐たちより、弁護士たちを利用する。戦車や大統領府への攻撃より、国民投票や憲法改正に訴える。しかし、その結果は同じだ。独裁者は権力を掌握し、見せかけの民主主義で飾って、長期にわたり権力を独占する。

ナイムによれば、こうした独裁権力は世界で「ありふれた料理」であるが、地方によって香辛料が異なる。ジンバブエ、ロシア、イラン、ラテンアメリカ諸国で観られる。以下に、権力の新しい調理法を紹介する。

【材　料】

✔貧しい民を数百万人。不平等はたっぷり。想像を絶する貧困と、計り知れない富裕とが、並置されているのがポイントです。

✔不正義、社会的排除、人種差別。腐敗・汚職の蔓延。政治・経済エリートたちの慢心。

✔信用されていない政党。無気力な中産階級。民主主義、政治、政治家への幻滅。

✔議会、裁判所、軍隊は、長年の怠慢、非効率、腐敗によって弱体化している。新聞社・放送局の所有者は、経済的利益や選挙のためにメディアを私物化し、利用する。

✔超大国は、他の優先課題によって中立化され、あるいは関心を示さない。それとも、あまりにも多くの国際緊急事態に忙殺されてしまっている。

✔「国際世論」は、他国の政治支配がどうなっているか、関心を持たない。

✔外部の敵が国民の脅威として強調される。たとえば、CIAの介入。隣国、肌の色が異なる移民、ユダヤ人、モサド（イスラエルの諜報機関）。

✔体制に逆らう人びとの頭を吹き飛ばす、あまりにも武装し、訓練された「民兵」集団。それほど多くなくてもよい。殴打し、誘拐し、暗殺する。暴力行為は何でもやる。

［調理方法］

(1)社会の最貧困層をよくかきまぜる。……容赦ない分解促進運動。怨嗟や憎悪、経済的ポピュリズムを泡立たせる。調和のための潤滑油を除去して、社会対立を沸騰させる。

(2)まず民主的な選挙で権力を握る。……このとき、対立候補の汚職や信用失墜、有権者を買収するチームが役立つ。そして、腐敗追放を叫び、富裕層が奪った富を回収する、と主張する。

(3)最初に選挙で勝てば、後は必要ない。……いかなる選挙でも負けない。民主主義など、権力者の皿に付いた飾りでしかない。

(4)大統領への忠誠を求めて、軍隊のトップを交代させる。……忠誠には物質的な利益を与え、熱烈に支持しない者は処罰する。すべての者が、いかなるときもスパイによって監視される。

(5)裁判官と判事にも、同じことをする。

(6)国民投票によって、憲法を「改正」する運動を始める。……公務員には支持を強制し、反対派には棄権を呼びかける。彼らの反対は無意味である、と思わせる。

(7)新しい憲法では、すべての市民に、特に最貧困層に、何でも多くの権利を与える。他方、職責や義務は最小化する。貧困や不平等をなくす、と約束する。……しかし、条文は複雑で、権力の分割はあいまいだ。大統領に権限が集中し、再選される回数に限度はない。

(8)反対派を誹謗し、最小化し、政府に協力させて、買収し、あるいは、弾圧する。

(9)メディアを支配する。……些細なことで政府を批判することは許す。言論の自由がない、と批判されないように。

(10)そして、手順の(3)へ戻って、これらを無限に繰り返す。

●アメリカとロシア

ポピュリズムの土壌を耕したのはだれか。パンカジ・ミシュラの描くアメリカは強烈だ。世界は最善の姿になる、とアメリカの政治、ビジネス、ジャーナリズムの指導者たちは訴え続けた。9・11でさえ、イラクとアフガニスタンの血みどろの失敗でさえ、大恐慌以来、最悪の経済危機でも、アメリカ化する世界への信念を消せなかった。[Mishra (2017)]

こうした楽観的なご都合主義者たちをついに粉砕したのは、二〇一六年、大統領選挙で「アメリカの殺戮」を語ったデマゴーグ、ドナルド・トランプであった。激しく分裂したアメリカ社会におけるトランプ大統領の誕生こそ、アメリカは悲劇的な社会紛争や衝突に対して免疫がある、というこれまでの信仰を打ちのめした。

共産主義後のロシアは、アメリカ人のエコノミスト、テクノクラート、ジャーナリストの軍団を受け入れた。彼らはロシアをアメリカ型の民主主義と自由市場に改造する気だった。「市場ボルシェビキたち」とスティグリッツは呼んだが、彼らの思想がどれほど破壊的であったか、あまりにも容易に忘れられてしまった。それは現代における最初の重要なデマゴーグ、ウラジーミル・V・プーチンを生み出した。彼が一九九〇年代後半に権力を握ったのは、民営化と規制緩和の実験がロシア人の所得や健康状態を破滅に追いやり、失業率と死亡率が上昇した後だった。プーチンは、それらを一掃してやる、と約束したのだ。

人びとは政治家にだまされ、専門家たち、テクノクラートたち、ジャーナリストたちの示す「真実」や主張を嫌うようになった。グローバリゼーションですべての船が浮揚する。市場は自由で公平である。ショック療法*がロシアに資本主義をもたらす。衝撃と恐怖によりイラクで民主主義が生まれる、と主張した。これらは、すべて嘘であった。

権力の新しい〈調理法〉を、今度はトランプがプーチンから学ぶかもしれない。プーチンはオルダ

＊ 精神障害の治療法を指す用語だが、東欧やソ連崩壊後の経済自由化について、一気に、価格自由化や民営化を行い、市場経済へ移行する政策論となった。発展途上国やインフレについても同様。

ス・ハクスリから多くを学び、ロシアのメディアを相対的に「自由」な姿で残している。投票箱に予め支持票を詰めたり、メディアを検閲したりせずに、エンターテイメントと暴力で独裁的な支配体制を強化する。「人生は一度きりのきらびやかな仮面舞踏会であり、そこではいかなる役割や地位、もしくは信念さえも移ろうものだという感覚を持ち続けてきた」。[ポマランツェフ（2018）三頁]

ポピュリズムは激しい社会・政治変化が発する軋みであり、その内容ではなく、発生の具体的条件に重要な意味がある。四つの論点を考察する。すなわち、㈠富裕層とデモクラシー、㈡福祉国家と移民、㈢グローバリゼーション、㈣金融危機。それらは民主政治の限界である。

●アメリカの民主主義と社会改革

ポピュリズムは、しばしば、二大政党制の破壊をめざす指導者が担った。ジュディスによれば、ポピュリズムはアメリカに生まれ、ラテンアメリカとヨーロッパにも広まった［Judis（2016）p. 14］。特に、投資家や資本家と、労働者との対立を重視する左派に比べて、右派のポピュリズムは、エリートと人民のほかに、外国人・移民など、第三項を持ち込み、人民と富裕層との対立を消し去る戦略として機能した。

民主主義が確立した豊かな諸国で、近年、選挙のロジックが、左派と右派の対立ではなく、もっと他の分割線によって動き始めた。白人男性労働者や地方の低学歴貧困層、高齢者は、特に、サッチャーとレーガン以後の政治と社会を支配したネオリベラリズムに対して、成長にもかかわらず賃金が伸びず、富が偏在していると反発を強めていた。

ここには、トマス・B・エドソールやマーチン・ウルフが指摘した第一の論点、デモクラシーにおける富裕層・大企業の支配戦略がある。［エドソールほか（1995）；Edsall（2017）；Edsall（2019）；Wolf（2016e）；Wolf（2017b）］

アメリカの戦後政治は、民主党によるニューディール連合を主要な力として、リベラルな改革を進めた。特に、一九六〇年代の公民権運動だ。その後、民主党と共和党は、人種と税をめぐる対立をあらゆる国内問題で深めた。すなわち、福祉、麻薬、住宅供給、マイノリティーへの積極的是正策・優先割当て、都市における製造業の雇用減少、刑務所の建設、国際競争の激化、大学入試、都市のゾーニング規制、など。

アメリカ政治では、権利の問題と、社会改革の運動とが重なって現れ、白人労働者階級も黒人の権利を保障することに賛同した。民主党は、社会改革を進める政党として支持を集めた。しかし富裕層の指導するポピュリズムが広がり、さまざまな政策転換に向けた保守派の反撃を有利にした。保守派は、黒人の権利や貧困層の福祉を、白人中産階級に対する地位や所得を奪う脅威である、と宣伝したのだ。貧困層の白人は、選挙のたびに、黒人と対立するように仕向けられた。

多くの白人は、黒人やマイノリティーが貧しいのは、彼ら自身の責任であって、社会の責任ではない、という考えに傾いた。その考えは、バスによる黒人の強制通学や、黒人の暴力的な政治集団が注目されることで、人種対立として強められた。「人種問題」は、議会や大統領選挙において民主党を支持してきた白人労働者・有権者を共和党支持に変える戦術になった。

ロナルド・レーガンを勝利に導いたのは、一九七〇年代の不況と、こうした保守派・富裕層の政治力学であった。同じ力は、ドナルド・トランプのシンプルなスローガンとその勝利にも働いた。「奴ら Them」が「われわれ Us」から、繁栄、雇用機会、公的サービスを奪った、と訴えた。そこには、妊娠中絶や同性婚、銃規制など、さまざまな文化戦争、中国に対して、増大するヒスパニックやアジア系の住民に対して、白人が地位や職を失うという不安、技術革新で消える雇用、工場の海外移転、移民労働者との競争で下がる賃金水準、格差拡大などが反映されていた。

民主政治が、株や資産の保有で富を急速に増やす超富裕層の好む秩序を実現し、維持し続けるというのは、矛盾しており、不健全であった。政府の介入と社会改革が求められた。しかし、それを阻むために、富裕層はポピュリズムを利用した。

●ヨーロッパの移民・難民危機

なぜポピュリズムは登場し、底辺から権力に影響を及ぼすのか。また、なぜ権力者はポピュリズムに向かうのか。

ヨーロッパ各地に支持を広げるポピュリズムについて、二〇一七年、フランスの大統領選挙で、マクロンが新興政党を率いて国民戦線のル・ペンを破ったとき、安堵し、楽観する声があった。しかし、主要政党やリベラルな民主主義への不満は続いており、ポピュリズムの台頭は一過性の危機ではない。

ヨーロッパでポピュリズムを刺激したのは、第二の、福祉国家における移民・難民危機*だった。戦後の成長期には外国人労働者を受け入れたEU諸国でも、低成長や、財政赤字の削減を求めるユーロ圏のルールに苦しんだ。ユーロは成長を促すより、失業を増やし、福祉国家が維持できなくなっていた。

福祉国家は、必ずしも民族の同一性を前提しない。しかし、アメリカで貧しい黒人が都市の中心部に貧困地区を形成し、白人や黒人の中産階級が郊外に逃げ出したように、ヨーロッパの都市に流入する中東やアフリカからの難民は排除され、都市の郊外に集まって住民と軋轢を生じた。再分配政策や教育・社会インフラへの投資が、移民・難民と結びつけて議論され、次第に政治的に支持されなくなった。

問題は、アメリカの民主党やリベラルが派、また、ヨーロッパの主要な政党が、移民問題や再分配の限界について議論するのを避け、意欲的な解決策を示さず沈黙を続けたことだ。ポピュリスト政党は、イスラム教徒の移民や難民危機を契機として、主流派の支配する政治の質を変えた。もしくは、主要な

---

* 中東、北アフリカの内線・紛争地帯からEUに向かう難民が、二〇一五年、シリア内戦の悪化で急増した。地中海、イタリア沿岸での遭難事故。ギリシャでは難民キャンプが膨脹し、ドイツに約一〇〇万人が流入。

政治論争がポピュリズムに「感染」し、移民政策や多文化主義*が見直され始めた。

●東欧の民主化・自由化

ヨーロッパのポピュリスト運動は、特に東欧で広がった。クラステフが指摘したように、ロシア・東欧諸国は一九九〇年代の民主化と市場自由化によって、深刻な経済、政治、そして社会的な危機を経験した。［クラステフ（2018）；Krastev（2019）］

移民・難民問題とは、西欧とは逆に、東欧からの人口流出とコミュニティー崩壊のことであった。一九八九年から二〇一七年の間に、ラトヴィア、リトアニア、ブルガリアでは、それぞれ人口の二七％、二三％、二一％が流出した。ルーマニアからは二〇〇七年以降に三四〇万人が国を去った。その多くは四〇歳以下の若者だ。こうした小国の住民は、その文化が消滅する世界に住んでいる。

民主化や自由化として外国の政治経済モデルを採用することには、道徳的、心理的な、予想外のマイナス面があった。模倣者にとって、生活はその不十分さ、劣った、従属した、アイデンティティをなくした感覚に支配されていく。理想化されたモデルをコピーするには、自分のアイデンティティを、侮蔑とまでは言わないが、不断に批判する必要がある。それは次第に怨嗟を広め、深い喪失感や劣等感が生まれた。経済改革の成功と高い成長率にもかかわらず、ポーランドは右派ポピュリズムが支配する典型的な国になった。

●グローバリゼーションと金融危機

資本主義的な経済システムでは、富が一部の少数者に集中し、必ずしも公平な分配を実現しない。ネオリベラリズムの経済や市場統合に関する姿勢は、政府の役割を否定し、市場を規制することも嫌った。ポピュリズムを生む第三の要因は、グローバリゼーション、ネオリベラリズムの諸政策に対する不満、怒りであった。そしていずれのケースでも、第四に、金融危機と不況、財政緊縮策の影響が重要である。金融危機とその救済、さらに、危機前のバブルが、超富裕層と国民との間に大きな意識のかい離を生んだ。

グローバリゼーションで少数の巨大企業が経済を支配すれば、彼らは必然的に国家の統制手段を使って団結し、民間と政府のエリートたちが「同盟」を創り出す［Rajan（2019a）］。それはロシアで起きたことと同じだ。ロシアの民主主義や資本主義は名ばかりである。石油・天然ガス産業や銀行業はオリガルヒたちが完全に支配し、クレムリンと結託して、いかなる経済・政治競争も許さない。

欧米諸国でも、人びとの不満はグローバリゼーションや技術革新にともなって強くなった。それらは社会に利益をもたらすが、それは不均等に分配される。ロンドンのようなグローバル・ハブにおける投資マネージャーと、グローバルな競争激化で工場が閉鎖される小さな町の住民たちとでは、大きな差が

＊　人種や民族、文化の違いを主流に同化させるより、異なる歴史や多様性を尊重する考え方。そうした考えを基にした移民政策、文化・教育政策。その後、多数派や保守派からの反発に直面する。

生じる。経済的機会が失われ、結婚する者は減少し、離婚が増え、家庭も崩壊する。絶望からアルコール依存や薬物の使用、犯罪が増える。衰退するコミュニティーは、もはや学校やコミュニティー・カレッジのような地域の諸制度を維持できない。

イギリスでブレグジットに賛成した選挙区は、財政支出を大幅に削減された地区と重なり、トランプを支持した地区は住宅価格が下落して債務超過になった地区、そして中国からの輸入が急速に増えた地域と重なる。［Rodrik（2019a）］

すべての不満を政治に向けて動員したのが、第四の要因、金融危機によるショックであった。金融危機が深刻な社会的亀裂やアイデンティティの動揺を招いた。金融危機と経済的ショックが、既存の制度（政党、司法、ジャーナリズム）や専門知識、金融や政策の専門家に対する軽蔑を広めた。スペイン、アメリカ、イタリア、イギリスは金融危機の影響が強かった。他方、金融危機を免れたドイツ、日本、カナダにはポピュリズムの影響が少ない。

政治家たちは経済的な不安に積極的な政策で応じるべきだ。文化的な不安を刺激するポピュリストによる単純化や嘘に対して、強く反対しなければならない。ポピュリズムは民主主義そのものを破壊する。

［Wolf（2017c）］

第四節　ポピュリストのダイナミズム

●改革派、民主派として

ポピュリストは、デマゴギーを広める詐欺師だけでなく、その中に改革派や民主派を含んでいる。王制や独裁者と闘い、福祉国家を築き、冷戦下の鉄のカーテンを開いたのも、ポピュリストたちが闘ったからであった。キューバ革命、イランのイスラム革命、ポーランドの連帯もポピュリスト的な運動として勝利した。

政治がエスタブリシュメントによって支配され、彼らの利己的な道具となっている。公職から私企業のポストに移り、互いの利益を確保しながら、労働者たちには自由化と競争を強いた。政治は有権者の反発を無視して、官僚たちの陰に隠れ、「他に選択肢はない」と繰り返す。主流の政治家や政党が支持を失う一方で、ポピュリストたちは庶民の不満を吸収し、有権者を動員することに成功した。［Dixon (2014)］

現在、リベラルな民主主義が疑われ、ポピュリストたちが多くの支持を得ている。リベラルな改革を進めた政治は、社会問題に応えてこなかった。労働者やローカルなコミュニティーにグローバリゼーションがもたらした苦悩は、政治の革新を強く求めている。

その意味で、ポピュリストは何よりも制度的改革派である。新しい政治の波から学ぶ必要がある。また、ポピュリストたちは、議席を得て、地方政治の主体となったとき、また中央で連立政権に参加するとき、長期的な政策とその結果に責任を持たねばならない。

改革にはアイデアが必要だ。移民の流入には、もっと優れた統合化政策が求められる。移民たちは、その国の言語、職場、社会的な価値をもっと学ぶ必要があった。貿易が自由化されるとき、労働者たちは新しい職場へ移り、スキルを得るためにもっと支援が必要だ。年金や医療保険はこうした労働者たちを守る仕組みに変えるべきだ。また、企業や富裕層の課税回避を許してはいけない。急速な技術革新、自動化やＡＩの導入に、教育システムが対応しなければならない。グーグルやアマゾンは、市場競争の改善と利用者の保護を強く求められるだろう。

要求や不満を代表するポピュリズムの広がりは、こうした意味で、脅威とみなすだけでなく、改革に向けた機会とみるべきだ。

●正統派とポピュリスト

ヨーロッパにおいて、ポピュリストが伝統的な政党から支持基盤を奪い始めてから、既存の政党や政治家はその対応を模索してきた。ポピュリストと既存の政治家・政党との関係は三つ考えられる。(一)政治からの排除、(二)連携による正常化、(三)アイデアや政策を奪い、コピーする。

第一に、伝統的政党はポピュリストたちを既存秩序の破壊者として排除した。ヨーロッパでは、小党の乱立とポピュリスト政党の台頭という二つの傾向に直面し、主流派は危機感を強めていた。二〇一八年初めには、ドイツ、イタリア、オランダ、スペインにおいて、ポピュリストを政治から排除するため、左派と右派の主要政党が、きわめて広い党派を含む中道連立政権を模索した。しかし、こうした方針は意欲的な政治家の満足できるものではなかった。事実上、すべての政治家を一つのグループにするだけでは、政治に不満を持つ有権者にアピールできなかった。*

ドイツでは左右の大連立政権への不満を吸収し、ＡｆＤ（ドイツのための選択肢）など、極右政党が支持を拡大した。「極右の台頭だけではなく、有権者が少数派政党や新しい動きを好み、大政党から離れている現状がある」とＢＢＣの記事は指摘した。

イタリアでは、二〇一六年、国民投票で、レンツィ首相が権力集中による経済改革の加速をめざし、議会上院の権限を縮小する憲法改正を試みた。しかし、ファシズムの経験から、イタリア国民はレンツィの改革案を支持せず、その運動は彼自身の信任投票にもなって、改正案の失敗とともに辞任した。その後、左右のポピュリスト政党が拡大した。

＊　オーストリア大統領選挙について Münchau（2016）、また Mason（2016）も参照。

●政権参加と正常化

第二に、支持基盤を拡大し、権力闘争で勝つために、主流派の一方がポピュリストと協力した。ポピュリスト政党が連立政権に参加する。

スウェーデンの主流政党は、極右のポピュリスト、スウェーデン民主党（SD）との協力を拒んでいた。二〇一五年、穏健党の元首相フレドリック・ラインフェルドはSDを「人種差別主義者、著しく排外主義的である」と批判した。しかし二〇一七年、中道左派の社会民主労働党から政権を奪うために、彼らはSDと協力し、SDの地方指導者が議席を得るのを支援した。

一一月の予算では、議会がSDの予算方針を受け入れ、移民のための教育・社会保障の支出を削減し、それに代わって、住民のための新しいスイミング・プールを造ることにした。そして「スウェーデンにおいてはスウェーデン語を話すこと」と宣言した。こうした論争それ自体が、政治の言説や協力関係においてSDを「正常化」する過程であった。

オーストリア、ブルガリア、デンマーク、フィンランド、ノルウェーでも、政府はポピュリスト政党と公式もしくは非公式の連携を組んだ。ヨーロッパにおける政治的再編と、中東やアフリカからの難民急増による危機とが、連動するようになった。スウェーデンで二〇一五年の難民申請者が急増したことと、その後の難民抑制とは、SDの支持者が広がったことと関係していた。*

ポピュリスト政党の正常化、連立政権への参加、長期的な政策に対する関与と結果への責任は、ポピュリズム運動の側でも変化を促した。ポピュリズム運動は、反対するメッセージは強烈だが、それに代わる具体的な政策を唱えることが少なかった。

正常化の過程では、しばしば、ポピュリストたちが労働者階級に向けて支持基盤を拡大する。そのために左派的な政策を取り込んだ。スペインのポデモス、イタリアの「五つ星運動」(M5S)、ギリシャのシリザを支持したのは、平均よりも教育水準の高い、若者が多かった。他方、北欧の極右政党の支持者には、早期に学校教育を辞めた者が多かった。しかし、より穏健な都市中間層の票を得るために、メッセージを穏健化する必要があった。

●政治的言説の「感染」

第三のダイナミズムは、伝統的政党がポピュリストたちの主張をコピーして、その政治的なアピールを奪ったことだ。

たとえば、オーストリアの第一党である国民党(OVP)は、極右の自由党(FPO)から、その主な主張を容赦なく奪い、ポピュリストによらないポピュリズム政治を進めた。国民党は、元来、地方の保守層に支持されていた。政権政党として、ポピュリストからの攻撃に応えて、自ら急速にポピュリスト的

＊ 二〇一八年、総選挙では、左右の主要政党の得票率が四〇%でほぼ均衡し、SDの支持率が伸びて一八%に近づいたため、SDは政権構想に重要な役割を担った。

な修正を受け入れた。ポピュリストの言説が政治家たちに「感染」した。

ドイツのメルケル首相とキリスト教民主同盟（ＣＤＵ）も、「ドイツ文化」を積極的に主張し、母国の意味を強調するようになった。メルケルが同盟を組むキリスト教社会同盟（ＣＳＵ）は、保守的な姿勢を従来から示していたが、オーストリアのオルバン首相を党大会のゲストに招いた。ギリシャ、ブルガリアでも、極右政党の攻撃に対して、主流派が移民政策やその他の問題で極右に近い立場を示すようになった。

しかし問題は、主流派が同じような主張をすることで、極右政党の主張がさらに強まり、選挙の主要な争点となって、関心が彼らに集まってしまうことだ。

ポピュリストによらないポピュリズム政治のもう一つのタイプは、国民投票の利用だ。イギリス独立党（ＵＫＩＰ）が長く要求してきたように、ＥＵ離脱を国民投票で決めることは、イギリス政治のすべてを、選挙期間中、ポピュリストの関心に引きつけることになった。オーストリアの連立政府やドイツの政権（ＣＤＵ／ＣＳＵ）も国民投票の機会を増やした。イタリアのＭ５Ｓは、市民が国民投票で廃止すべき法律を決める、と主張した。

●破滅的な将来

ポピュリストはどうなるのか。そして、ヨーロッパの民主主義はどうなるのか。

民主主義は投票だ。2019年の最優秀賞が発表された。「過剰な反応でフェイクな非常事態を演出した」大賞，ドナルド・トランプ！「本物の危機の中で進むべき方向を見出せない」大賞，テリーザ・メイ！　そして，敗者は……（“KAL's Cartoon,” *The Economist,* Feb. 23, 2019）。

エコノミスト誌は、かつて既存政治や主要政党に激しく抗議した環境保護運動が、地方議会に参加し、中央の政権にも加わる「緑の党」を組織したことを参考にすべきだ、と考える。専門家による理論、市民たちの声、さらに、政党と政権への影響力を得て、クリーンな輸送システムや再生可能エネルギーなど、政治全体に大きな、積極的な変化をもたらした。

すでにポピュリストたちは政治を変えつつある。政治の在り方を変える運動として、新しい政治の主体になるかもしれない。あるいは、悪い方向に進めば、政治過程や制度に「寄生」するだけでなく、その寄生した政党や民主政治そのものを食い尽くすかもしれない。

ヤン＝ヴェルナー・ミュラーによれば、政権を執ったポピュリストは、その権力を維持するために、国家機構を乗っ取り、市民社会の諸制度を解体して、民衆を支配する独裁体制に向かう。その場合でも、彼らはエリートの支配に対抗し、支配の犠牲者たちの声を代弁している、と主張するだろう。少なくとも、そのように振る舞い続ける。「人民の敵」を攻撃し、正義を独占する。そして紛争や危機を永続化し、あるいは、演出する。［ミュラー（2017）］

ポピュリストの政治が確立された場合、長期的なサイクルに従って拡大し、消滅するだろう、とギデオン・ラシュマンは考えた［Rachman（2018）］。二〇一六年の二つの政治的混乱、ブレグジットとトランプ当選は、一時的な逸脱なのか、あるいは、新しい時代の始まりなのか。

成果を示せなければ、新しい時代は早期に死滅する。問題は、トランプなど、ポピュリストの行動が社会や国際秩序を破壊し、その混乱や苦しみを深めることによって、自分たちの権力基盤を強化する方向に動くことだ。それは、辺境の資源国家がしばしば陥った危機であったが、トランプが握ったのは小国の富ではない。アメリカとその貿易や投資、ドルを支配する秩序がもたらす富とパワーである。

●フォックスコン社

米中貿易摩擦の中で、アメリカに工場を建てる台湾企業フォックスコン（Foxconn）社が注目された。ウィスコンシン州知事は、フォックスコン社が一〇〇億ドルの巨大投資を行って、最新型ＬＣＤテレビの生産工場を建てる、と二〇一七年に発表した。二〇一八年には、トランプ大統領がゴールド・シャベルで起工式に現れた。

政治家たちは引退後の静かな生活を願う高齢者を見捨てた、と非難された。しかし工場は平均年収五万ドル以上で一万三〇〇〇人を雇用する、と地域住民に約束した。ウィスコンシン南部の衰退する工業地帯が、ベンチャー・ファンドも加わり、スタートアップ企業のハブに生まれ変わるかもしれない。

民主党はこれに反対だった。スモッグの規制を緩和する優遇策に不満を持った。しかし民主党の支持基盤であるブルーカラー労働者たちは、この工場建設計画を熱望した。知事やトランプ大統領がこの計画のために四五億ドルの補助金を用意した。そもそもウィスコンシン州は製造業にほとんど課税しない。その意味で、補助金は州予算における教育や医療などの削減につながるだろう。

フォックスコン社は、スマートフォンの世界市場が悪化したため、最初の計画を縮小しつつある。LCDテレビを生産せず、地域のサプライ・チェーンも減少する。コスト削減のためにロボットが増え、未熟練労働者の雇用は減るだろう。ロボットに必要なエンジニアは中国から来る。

●政治経済モデル

トランプは、ファシスト、独裁者と批判される。しかし、ポピュリズムとファシズムは同じではない。

[Judis (2016) pp. 154-163]

一九三〇年代のファシズムには二つの条件があった。一つは、共産主義拡大の脅威に関する強い不安である。ベルリンの壁が崩壊した後、それは消滅した。またファシズムは、ヨーロッパの帝国主義的な拡大競争を意識していた。トランプやヨーロッパのポピュリズムは、自国の拡大や国際的な関与を嫌っている。むしろ、国民としての特権を護るネイティビズム、強い国家による保護を願う、排他的で、後ろ向きのナショナリズムである。

ポピュリズムの積極的な意味を、ジュディスは「早期警報」と考えた。ブレグジットとトランプの出現に、金融危機と財政緊縮策、中国からの輸入品急増、移民と難民が重要だった。それは、金融バブルと貧富の顕著な格差、製造業雇用の減少、旧工業地域の衰退にも重なっている。早期に、政治がそれを取り上げて、解決のための手段や仕組みを作る責任がある、とポピュリストたちは教えている。

NAFTAやユーロは、過大評価されて有権者に売りつけられた欠陥だらけの社会工学、イデオロギーの産物であった。確かに、移民や難民を攻撃するネオナチは間違っている。しかし、賃金の低下や公的サービスの不足を放置し、富裕層の脱税と政治献金に頼る政治家たちが、ポピュリストに正当化の余地を与えた。あるいは、保守派はポピュリストを政治的に利用した。［Judis (2016)］

結び

ポピュリズムは、独裁に向かう危険な指導者を生み出す。彼らは社会を分断し、危機や破局を演出する。しかし、それは人びとの社会改革を求める声に応える形で登場する。

民主主義は、互いの嫌悪を溜める泥沼で生き延びることはできない。西側の多くの国は、ポピュリズムか富裕層の寡頭体制に向かうだろう、とルースは考えた。トランプは、ラテンアメリカに多い、富裕層の寡頭体制を支えるポピュリズムの指導者になる。超富裕層には減税し、グローバルなハイテク大企業の税回避を容認し、他国がアメリカの多国籍企業に課税することを許さない。

ポピュリストの指導者には異なる顔がある。ドナルド・トランプやボリス・ジョンソンは、政治家としてまったく尊敬されない、最悪の指導者である。彼らは、権力を握るために、ポピュリズムに便乗することを厭わない人物だった。

見捨てられた人びと、裏切られた人びとは、トランプという間違った切り札を選択した。トランプについて、元弁護士のマイケル・コーエンが下院で証言した。トランプは、人種差別主義者、ペテン師、ずるい手を使う、基本的に忠誠心を欠いた人間であった、と。トランプは、アメリカ政治という舞台でも、アメリカの経済や軍事力という道具を手にして、同じことをするだろう。

トランプの当選が明らかになった週のエコノミスト誌は、中東におけるアメリカとイランとの対立激化、ロシアとの和解を進めるトランプが、ＮＡＴＯを弱体化してでも有利な取引を望む姿勢、同様に、中国の南シナ海における積極的な行動を予測していた。そして、北東アジアにおけるアメリカの関与をもはや頼りにできない、という不安から、日本や韓国は核武装を準備するかもしれない、と警告した。

第5章❖地政学と大国間秩序

リベラルな国際主義，グローバリゼーションの妄想と失敗が国際秩序を急速に不安定化する。地政学が復活した。急速に成長する中国は南シナ海やユーラシア大陸へ拡大する。NATOの東方拡大はプーチンの反発にあった。日本を含むアジアのナショナリスト指導者たち，中東の新秩序が示す大国主義。トランプの軍事力行使は，核武装した北朝鮮と戦争のリスクを高め，台湾海峡における米中衝突さえ想像させる。

第一節　ベルリンの壁崩壊と地政学

●一九八九年以後の国際秩序

ブレグジットとトランプは、国内政治のロジックだけでなく、国際政治と切り離せない重要な転換点であった。それらは国際政治経済の構造変化を考慮することなしに理解できない。また、この二つの事件が一定のゆがみを生じ、国際政治の変化を加速した。

一九八九年の冷戦終結とリベラルな民主主義、グローバリゼーションの時代が終わった。シンガポールの二人の学者は、国際秩序に大きなストレスが生じているのは、むしろ国際間の不平等が急速に解消されてきたからだ、と主張した。新興経済圏、特に中国とアジアの地政学的な台頭が、国際的な秩序に新しい均衡を求めており、それを阻むならグローバルな秩序の不安定化が続くだろう。[Quah *et al.* (2016)]

産業でも、軍事でも、文化でも、パワー・シフトが起きていた。それは、貧しい労働者だけでなく、一部の豊かなビジネスマンからも支持されて、ブレグジットやトランプが勝利した背景であった。グローバリゼーションの利益から排除された者たちの怒りを利用して、国際秩序の支配者であった英米が旧秩序への反乱を導いた。

国際秩序は荒れてきた。イギリスはEUという船に乗っている。残留派は，保守党のキャメロン首相が率いた。「EUにとどまって改革するべきだ」。離脱派は，ボリス・ジョンソンやファラージが率いた。「条件を問わず、ともかく切断すればよい」。外の海は荒れており，鮫が待っているけれど。(“KAL's Cartoon,” *The Economist,* Mat 12, 2016)。

●地政学の復讐

ベルリンの壁が崩壊した瞬間、世界の「分断」、「地理的障壁」が目に入らなくなった。しかし、それは間違いだ。地政学がよみがえった。〔カプラン (2014a) 二六頁〕

地政学は、歴史が文明圏の拡大と均衡によって決まり、その境界は山脈や海洋、砂漠などとして、地理的に固定されたと考える。大国が数百年単位で興亡し、地理的環境に守られた小国はその周囲で生きる。

世界には社会改革についての合意が存在せず、さまざまな体制が併存する。西側の秩序が、単一のグローバルな秩序に向かう必然性などなかった。冷戦が終わって膨張した、アメリカの経済的、軍事的拡大は逆転する。そして、これまで正しいと思われていたルールや秩序を押しつぶす圧力が生じるだろう。

平和とは、歴史的な変化の中で、軍事的な均衡を保つことである。リアリストは、戦争の脅威に直面する政府にとって不可欠な姿勢を教える。すなわち、対抗できる軍事力を持て、ということだ。リアリストによれば、合理的に考えて、国家は勝利できない戦争を回避するからだ。その意味で、勢力均衡*が平和を維持する明確な条件を示す。

しかし、国家のパワーは容易に測定できない。指導者たちは軍事的な優位を求めるが、互いに相手の軍事力や意図を正確に知ることができない。一国の安全保障は、必ず、軍備拡大競争や報復のエスカレーションを導く。圧倒的な覇権国**を欠く、もしくは、国際秩序が無い世界では、平和の条件は複雑で、交渉の結果は常にあいまいである。同盟化の末に、グローバルな戦争が起きる。

文明は、そして自由や民主主義は、軍事力による支持があるときだけ意味がある、とリアリストは考える。新興勢力や挑戦国が現れ、輸送システムや技術に重大な革新が起きて、軍事力のバランスが失われると、国際秩序は不安定化する。ロシア、中国、インドの行動の多くは、地政学が教えることと一致する。

グローバリゼーションや理想主義者の思い上がりは粉砕された。「ドイツ再統一が実現したことを考えれば、統一朝鮮の誕生に備えるか、少なくとも想定しておいた方がいいだろう。文化と地理の力が全

てを圧倒する日が必ずやってくる」。〔カプラン（2014a）一九頁〕

●リベラルな帝国

ブレグジットとトランプの衝撃を受けて、世界がリベラリズムを否定し始めた。このことをスティーブン・ウォルトは歓迎する。〔Walt（2016）〕

アメリカの政治だけでなく、EUも緩やかな解体に向かっている。「海外における平和や善意の見通しは失われていく。内外の政治が暴力と紛争に落ち込むのを避けるには、何が間違っていたのか真剣に反省し、現在のアプローチを再考するべきだ」。

ベルリンの壁が崩壊した後、一九九〇年代初めのアメリカ外交が前提していたリベラルな国際主義を、ウォルトは三つの点で批判した。第一に、経済的な相互依存関係***によって暴力的な紛争は「不合理で、不可能になる」と考えた。それは間違いだ。そして特に、イラク戦争と金融危機により、こうしたエリ

＊　バランス・オブ・パワー。ある国家または国家群が強大になりすぎないように力の均衡をはかり、国際社会の平和を維持する原理あるいは政策。一六四八年のウェストファリア条約など。

＊＊　ヘゲモニー。他国を圧倒する勢力（特に軍事力）を持つ国家とその地位。支配には強制と同意の二つの側面がある。覇権国は、軍事力に加え、同意を調達する正当化のイデオロギーと価値付与の制度を備える。

＊＊＊　戦後の国際貿易の進展、各国の経済的な対外依存度の増大。経済的・政治的・軍事的な相互の依存関係と新たな状況における国際紛争の多元化、軍事力の相対化。諸国家・社会が築く共生的な構造。

ートたちは信用を失った。

第二に、民主主義を広めることで平和が得られると考えた。そして、新しく民主化された国々に、アメリカは安全保障への関与を約束した。これはリアリストの基本原理を無視したものだった。そして第三に、アメリカのパワーは圧倒的であり、長期的に紛争を抑え込むことができる、と考えた。

アメリカ外交における最優先事項が平和の維持ではなくなり、無法国家への制裁、民主主義の拡大、核など大量破壊兵器の管理、アメリカ指導の国際機関に参加するため他国が国内政治改革を進めること、などに関心が移った。

しかし、アメリカ政府が世界のどこでも好きな体制を押しつけることなどできなかった。むしろ、そのようなアメリカの姿勢が、敵対する国や同盟国にも、アメリカのパワーを抑える方法を模索させた。こうした能力を他国が得るにつれて、世界に及ぼすアメリカのパワーは低下した。

東欧やバルト三国へのNATO拡大は、ロシアとの関係を悪化させ、ジョージアやウクライナなどでロシアの反撃にあった。他方、中東における民主主義の拡大は、地域全体で既存の政治制度を崩壊させ、統治不能な一帯からはアルカイダやイスラム国（ISISもしくはISIL）などが現れた。リベラルな理想は好ましいが、それはアメリカ外交の基礎にできないし、安定した平和の処方箋にもならない。

●無秩序な世界

ベルリンの壁が崩壊したとき、旧ユーゴスラビア内戦を取材していたカプランが観たのは、東西のヨーロッパではなく、中欧からバルカン半島に伸びる分断線だった。〔Kaplan (2001)〕

すでに西アフリカは、人口、環境、社会面でストレスが高まる世界の最前線であった。疫病、過剰人口、犯罪の蔓延、資源の不足、難民流出、国民国家と国境の消滅、そして、民兵集団、民間の治安・警察企業、国際麻薬カルテルなどが、西アフリカを描き出すもっとも強い光彩を放っていた。各地の内戦は長期におよび、ジェノサイド*が起きた。

一九九八―二〇〇三年のコンゴ内戦では、推定一〇〇万人から五〇〇万人を超える死者が出た。正確な数はだれにもわからない。それはベトナム戦争や朝鮮戦争を超える犠牲者である。

内戦の原因を理解することも難しい。一九六五―一九九七年、コンゴを支配したモブツ・セセ・セコ大統領は、国民の富を略奪するクレプトクラシーを広める独裁者だった。地下資源が豊富な国では、住民たちの生活や治安を無視して、暴力によって資源の支配を争う武装集団が各地に現れ、政府の機能を低下させた。

＊　民族、国籍、宗教、人種などで、ある集団を敵視し、計画的かつ組織的に破壊・殺害した。第二次世界大戦中のナチス・ドイツによるホロコースト、一九九〇年代の旧ユーゴ内戦やルワンダなど。

●ルワンダとコンゴ内戦

コンゴの内戦に火を付けたのは、一九九四年、隣接する小国ルワンダで起きたジェノサイドと、それを逃れるため流入した難民、そして武力闘争に敗れた反政府勢力だった。モブツによって弱体化したコンゴの国家体制が、その衝撃で崩壊した。ルワンダ政府軍は、反政府勢力を掃討するために、ほとんど抵抗に合うこともなくコンゴ領内に侵攻した。そしてモブツを追放し、ルワンダと関係の深いローラン・カビラを大統領に就けた。

その後、カビラは立場を変え、ルワンダで虐殺を行った勢力に武装させたため、ルワンダの指導者ポール・カガメはカビラを追放しようとした。しかし、隣国のアンゴラとジンバブエ、ナミビアがカビラを支持し、軍事介入した。こうして戦争は、八つの外国が加わり、コンゴのダイヤモンド、金、銅、コバルト、コルタン（電子部品に必要な希少金属）を求めた混乱状態になった。住民に対する略奪とレイプが組織的に行われ、さまざまな部族、エスニックの混在するコンゴで、若者たちは武器を取って自衛した。

その戦争が終わったのは、すべての勢力が消耗し、海外の援助供与国が軍事介入をやめるよう周辺諸国に圧力を加えたからだ。国連は最大規模の平和維持軍を送った。二〇〇一年にカビラが銃撃されて死ぬと、コンゴ各地は有力者や軍隊に支配され、国家体制や法の秩序が回復することはなかった。ローランの息子、ジョゼフ・カビラが大統領となった。二〇〇六年に信任され、二〇一一年に再選されたが、五年の任期を終わった後も、そのままポストを去らず、大統領選挙を行わなかった。

首都キンシャサでは、カビラに反対する抗議活動が催涙ガスやゴム弾で追い払われた。しかし、インドの三分の二、フランスの四倍に等しい広大な国土の、ますます多くの部分が、カビラの支配から失われていた。各地で武力衝突が起き、武装集団が群生し、二〇一七年、約二〇〇万人の難民がコンゴを出た。国内では四三〇万人が難民となっている。

●イスラム国が勝利するとき

リアリストは、生存の脅威について、国家の行動を合理的に理解し、国家間システムとして秩序と平和の維持を探究する。ウォルトは、「イスラム国が勝利した場合、われわれは何をすべきか?」と考察した。〔Walt (2015)〕

イスラム国とは、二〇一四年、シリアの都市ラッカで始まった、イスラム教のスンニ派過激組織によるカリフ制国家の試みを指す。二〇一四年には、イラク北東部とシリア東部で、イギリスの国土に等しい規模の土地を支配した。〔Specia (2019)〕

それはアメリカに対する9・11同時多発テロ攻撃を行ったアルカイダにさかのぼるが、その後のイラク内戦で、シーア派による権力の独占を恐れるスンニ派住民が支持し、支配領域を広げた。またシリア内戦で、反政府勢力がシリアの北部と東部を政府から奪ったとき、アサド政権が過激派の侵入を容認したことでさらに拡大した。インターネットによる映像やイデオロギーの流布に優れ、世界中から四万人に及ぶ新兵を得た。

ウォルトは、アメリカがどこまで軍事的な作戦で応じるのか、と問う。もしイスラム国が一定の支配領域で、彼らを破壊する試みを挫いて、権力を維持し続けるなら、それは本物の国家になるのか。イラク軍を解体した後、アメリカによるイラク軍の強化・訓練計画は失敗した。外国の軍隊が大規模に介入するしか、イスラム国を解体する方法はない。

アメリカもアラブ合同軍もそれを支持しないだろう。そうであれば、アメリカ政府はイスラム国を、封じ込めてきた過去の革命国家と同じように扱うことが正しい。アメリカは、ボルシェビキ革命の後、ヨーロッパ諸国が認めても、一九三三年までソ連を承認しなかった。また、一九七九年まで、三〇年間も中華人民共和国を承認しなかった。

イスラム国は重要な資源や産業基盤を持たず、グローバルなアクター（国際秩序を構成する行為主体）として影響する恐れはない。しかし、消滅せず、持続的な統治機関となるかもしれない。すなわち、彼らは住民に課税し、境界を管理し、軍事力を整備し、地方の支配集団と協力する。近隣諸国はその密貿易を許すだろう。他の諸国も次第に合法的な政府として承認する。

女性の奴隷化、市民への拷問、捕虜の斬首のような野蛮行為について、イスラム国は永久に許されるべきではない。しかし、その指導者たちが、国連の代表ではなく、国際法廷の被告席に座ると思うのは、快適だが難しい。歴史が示すように、国家の樹立は何世紀にもわたる野蛮な行為であった。それだけではイスラム国を否定する理由にならない。

われわれもイスラム国も、諸国家から成る国際秩序の基礎を受け入れる。最終的に、すべてのラディカルな国家はシステムに社会化される。その大げさなイデオロギーは実現できないし、その革命の大義に対する忠実さはコストが高く、非生産的で、自分たちの体制の生存を脅かすことに気づく。革命運動の内部に妥協を求める者、少なくとも外部の世界にプラグマチックな対応を求める者が現れる。新国家も国際的な規範を受け入れ、パリア（不可触民）からパートナーに変身する。特に、その国家の利害が他の諸国と重なるときに、そうなるだろう。

しかし、そのような「社会化」は自動的に生じない。アメリカは、地域の主要な諸国（サウジアラビア、ヨルダン、トルコ、イラン）と協力して、秩序を破壊する行為を罰する必要がある。アメリカは他国がイスラム国の影響力を削ぐこと、財源を奪うことを助け、辛抱強く、その過激さが内部から失われることを待つのである。

●中東地域の秩序

「アラブ世界、北アフリカ、アラビア半島、レバント*の一部に広がるカオスに観るのは、帝国主義の

＊　地中海東部沿岸の歴史的名称。シリア、レバノン、ヨルダン、イスラエル、パレスチナ。

最終的な結末である」。カプランは、地政学の視点で、中東地域に現れた新しい秩序を理解する。[Kaplan (2015)]

第一次世界大戦後のオスマントルコ帝国の崩壊以降、ここには今も地域の秩序が確立されていない。イスラム国の拡大とは、英仏の帝国が引いた国境線が終わった、ということだ。中東の人工的な境界線は、エスニックや宗派の境界と一致せず、独裁体制は世俗のアイデンティティーを暴力で押しつけただけであった。

オバマ大統領はアメリカによる軍事介入を否定した。アメリカは、第二次世界大戦後の中東地域で安定と組織化に果たした役割を放棄した。アメリカの世界帝国がその中身を失いながら、他方、ヨーロッパが決めた境界線に従った独裁者たちには、民主主義を受け入れる準備がない。

中東地域の次の秩序では、古い文明の核となった国家に、強固なアイデンティティーとパワーが集約されるだろう。特に、ペルシャ帝国、サウド家、そしてトルコ帝国の伝統である。イランは核燃料サイクルを習得し、レバントにおける過激な準軍事集団を訓練し、その主要な敵とみなすアメリカを相手に外交交渉を展開する。その意味で、オスマン帝国とアメリカ帝国が消滅した後、それを部分的に継承するのはイランである。

これに対して、シーア派に対抗するスンニ派の核となるサウジアラビアはアメリカと組み、さらに、トルコやエジプトも同盟を必要とする。アメリカは、サウジアラビアを支援するため、民主的かどうかに関わりなく、反イラン同盟にエジプトを入れる。エルドアンは親米的ではないとみなされるが、強いトルコの存在はイランに対するバランスになる。

こうした地理的・歴史的な好条件を占める諸強国が、帝国後の秩序を築くだろう。

第二節　大国による秩序の転換

ブレグジットとトランプの時代に、国際秩序がパワー・シフトを反映して動き始めている。国家の行動を説明するのは単なる経済的利益ではない。ウォルトは、その重要な要因として、相対的なパワー、地理的関係や空間の広がり、そして、大きな戦争の経験を挙げた。〔Walt (2017b)〕

現在の中国やロシアの行動も、地政学は「合理的」なものと理解する。NATOと南シナ海がその例である。

●NATOの拡大

カプランもウォルトも、NATOの東方拡大は間違いだった、と主張した。安全保障を共有するという意味で、同盟は慎重に選択し、限定されるべきだ。「アメリカは（ヨーロッパと違い）他の大国から離れており、北アメリカに能力を集中することが正しかった。唯一、ユーラシアで勢力均衡が破壊されたと

きだけ、主要な同盟国を守るために戦争に加わった」。〔Walt (2014a)〕
NATO条約の第五条により、アメリカは締約国を守るために自国民を派遣し、その国の防衛のために命を懸ける。アメリカがソ連と対峙した冷戦時代に、ソ連が西ヨーロッパの工業力を支配することを防ぐのは、アメリカの安全保障にとっても死活的に重要な利益であった。アジアにおける日本の安全保障も同じだ。
冷戦終結により、アメリカの指導者たちは、外交や安全保障を慈善活動のような感覚でだれにでも拡大した。NATOは、ソ連が消滅したときに解消すべきだった。一九九五年のボスニア介入、一九九九年のコソボ戦争、アフガニスタンの治安回復と復興にNATOが関わったことは、彼らが認める以上に深刻な失敗であった。それが二〇一一年のリビア*につながった。
NATOの東欧への拡大も失敗であった。それはロシアを孤立させ、敵対させた。NATOを強化することもないまま、弱小な諸国の防衛を負担しただけである。そして二〇〇八年、NATO加盟を模索したジョージアにロシアが侵攻した。地理的に見てヨーロッパには属さないアメリカにとって、NATOの重要性は状況によって変化する。ヨーロッパにおける脅威や競争相手について、アメリカの死活的利害という意識が薄れた。〔Walt (2014b)〕
ウクライナ問題は「外交による解決」がふさわしい、とウォルトは考えた。すなわち、アメリカとロシアは、互いの原則を理解し、各集団が妥協しつつ、その目標を弾力的に取引する。ウクライナは、自国がヨーロッパとロシアの緩衝国であることを認める。ウクライナの独立と統一を認めたうえで、安定した状態を回復することが望ましい。その方向は台湾問題と似ている。

●南シナ海とカリブ海

米中の対決を背景に、カプランは、南シナ海について考える。

北朝鮮が核兵器と大陸間弾道ミサイルの開発を進めるまで、米軍を加えた北東アジアにおける軍事的な均衡は安定していた。しかし、南シナ海における領有権問題は、二一世紀に入って、中国と周辺の諸国における軍事力増強により、非常に不安定になってきた。

中国にとって、この海域をアメリカが支配していることは、マラッカ海峡の封鎖とともに、地政学上の死活問題である。海洋には、征服しなければならない自然の障壁も、異なる言語や文化を持った人びともいない。パワー・バランスが速やかに変化をもたらす。カプランによれば、中国にとっての南シナ海は、アメリカにとってのカリブ海と同じである。「中国人は、彼らの観点では、完全に正しいことをしている」。［Kaplan（2019）］

アメリカの戦略家たちが一九世紀・二〇世紀にカリブ海を見たように、中国も南シナ海を見ている。

＊「アラブの春」の反政府デモが内戦に発展。一般市民の保護を目的に、米軍を中心としたＮＡＴＯが軍事介入。カダフィは殺害され、選挙も実施されたが、内乱状態のリビアに周辺諸国も介入した。

その海域を支配することで、彼らの海軍は太平洋やインド洋に出ていくことができる。また、台湾も平定できる。それはアメリカがカリブ海を支配し、西半球を支配することで、二度の世界大戦や冷戦のような東半球のバランス・オブ・パワーに影響を与えたことと同じである。

しかし、アメリカは南シナ海を明け渡さないだろう。一八五三年にコモドア・ペリー提督が日本の港を開いたときから、アメリカはずっと太平洋を支配してきた。むしろアメリカは、トランプ政権も議会も、中国を主要な挑戦国とみなす新しい冷戦を意識し始めている。

かつてセオドア・ルーズベルト大統領は、自ら武力によってその権益を守ろうとしないような国はこの世界に位置を占めることができない、と力説した。そしてキューバだけでなく、パナマ運河とそこに至る航路の制海権、サント・ドミンゴ、ドミニカ共和国への干渉、ハイチ占領を命じた。こうしたアメリカの行動は、現在、南シナ海を支配しようとする中国の行動と同じく、地政学から見て合理的である。

中国の戦略的視点では、南シナ海へのアメリカの関与を弱めて、事実上、中国は覇権を行使するが、同時に、政治・経済面でワシントンとの友好関係を維持することが望ましいだろう。東南アジアの人びとと諸問題について深い理解を示しながら、自国のパワーを抑制することが、合理的であるだろう。

●台湾海峡の重要性

カプランは、「自由」を守る最適な方法は、西側の民主的な価値観よりも、バランス・オブ・パワーなのだ、と書いた［カプラン（2014b）五五頁］。しかし、アメリカの過剰拡大は逆転した。オバマが「アジア旋回」として中東から離脱しただけでなく、トランプはヨーロッパやアジアからも離脱する。NATO、台湾、朝鮮半島、日本の安全保障は見直される。

中国からわずか一〇〇マイルの台湾を、世界の半周近い遠方からアメリカの海・空軍が防衛することは不可能だ。米中の指導者による会談を通じて、台湾の安全は米中間の軍備拡大競争ではなく、外交的な理解を深めることで達成するべきだ、という考え方が強まるだろう。中国の経済・軍事的パワーに応じて、アメリカ側が軌道修正しつつある。アメリカは台湾を支援するが、し過ぎることはない。

しかし、中国もそうだ。中国は、次第に、台湾を西太平洋の軍事的な多極化に適応させるだろう。第二次世界大戦の終わりから、太平洋はアメリカ海軍の湖だった。それは終わりつつある。傾向として、中国は台湾を本土に帰属させ、吸収していくだろう。さまざまな力が連動して調整するから、中国は軍事的衝突を急ぐことはない。

シーパワー*による秩序は、地上戦による覇権体制よりも、柔軟でダイナミックだ、とカプランは強調

＊ 大英帝国のように、海洋に面した国家は、商品生産・海運・植民地によって繁栄した。海軍力は商業の保護に不可欠である。超大国の意味にもなり、シーパワーとランドパワーとが対比される。

する。すでに、一五〇〇基以上の短距離弾道ミサイルが台湾の標的に向けられている。しかも、台湾と本土の間で週に二七〇〇便も商業飛行が運営されている。台湾の輸出の三分の一は中国本土に向かう。こうして「独立」は溶解していく。

●一帯一路

中国の「一帯一路」構想は、唐や元の時代にユーラシアを越えた貿易路をたどって、経済的な拡大をめざすものだ。ロシアを抑え、中央アジアを取り込み、イランの復活に大きな影響を与える。この中国の地政学的野心も、ロシアと同じように、内部の不安定性から生じている、とカプランは考える[Kaplan (2017)]。中国の弱点は西域にあり、そこは歴史的に東トルキスタンがあったトルコ系イスラム教徒、ウイグル人少数派の土地である。

社会がより豊かに、そして複雑になれば、政府は住民に対してより大きな責任を持たねばならない。さもなければ多数の中産階級の不満が政治を不安定化する。中国が促進する経済発展は、シルクロードに沿った多くの社会、特に、イランと中央アジアの独裁体制を管理・支配する者たちにとって、支配をむしろ困難なものにする。

他方、アメリカは、中国人やロシア人のような領土的な野心を持たず、現地の人びともそのことを疑わない。自由貿易、人権、市民社会を広めることで、アメリカは地域に広がる急速な社会変化に直面する政府から信頼を得るべきだ。トランプ大統領はそれを理解していない。

●中国が世界を指導するとき

中華人民共和国人民大会外務委員会の付瑩《フーイン》委員長が、二〇一六年初め、FTに書いた記事は、北京の若い指導者たちとヘンリー・キッシンジャーとの会談の様子を伝えた。[Fu (2016)]

彼ら（中国の若い指導者たち）は考えた。アジアで、このわれわれの大陸で、中国を排除するアメリカの「アジア旋回」戦略が、南シナ海における中国と近隣諸国との領土紛争を過熱させた。経済面でも、アメリカは支配的な地位を守ろうとしている。中国など、主要な経済圏を無視して、アメリカはTPPなどの貿易協定を推進し、世界経済を支配し続けようとする。世界は排他的な経済ブロックに分解していくのか。

アメリカが支配する西側中心の世界秩序は、人類の進歩と経済成長に大きな貢献をした。しかし、それは過去の話だ。冷戦が終わってから、アメリカは次々に重大な戦略的失敗を犯した。二〇〇三年、イラクに侵攻し、二〇一〇年、チュニジアの政治的混乱から、いわゆる「アラブの春」を広めた。アメリカとその同盟諸国が、国から国へ、パンドラの箱を開けたのだ。

国際社会はすでに解決策を探し始めている。金融危機を鎮静化する重要な役割を果たしたのはG20であった。IMFは人民元をSDR（特別引出権）に加え、西側が支配的なIMFを改革するだろう。中国主導でＡＩＩＢ＊が国際メカニズムの不足を補った。

付瑩は、中国に世界を指導する野心はない、という。なぜなら中国は国内に多くの課題を抱えているからだ。中国は、将来、世界が諸国間の協力で治められると信じている。中国はアメリカと、安定した、建設的な関係を維持しながら、中国の重要性が増すに応じて、より大きな国際的責任を果たすだろう。

彼らの多くは、旧秩序とアメリカの役割に不満であった。キッシンジャーは辛抱強く彼らの話を聴き、そして尋ねた。「若い人たちにきくが、もしあなたが世界を動かすチャンスを得たとして、どのような秩序を望むのか？」

明確な答えを出す者はいなかった。われわれは不満であり、批判するつもりだった。しかし、新しい秩序を提案することはできなかった。

われわれが思ったよりも早く、国際的責任は中国人の肩に乗ってきたのだ。われわれは、はっきりとした考えを持ち、それを他者に示して、共通の利益を前進させる必要がある。そして、世界とのコミュニケーションを改善することだ。

●ポスト・ソビエトの世界

ピーター・ポマランツェフは、ドナルド・トランプ大統領がウクライナ政府と取引したことに絡むス

キャンダルを、クレムリンが神様からもらった贈り物だ、と書いた。［Pomerantsev（2019）］

民主党のアメリカ大統領候補をめざすジョー・バイデンの息子が、父親の名声を利用してウクライナのガス会社の重役になり、月に五万ドルの報酬を得ていた、と疑われている。これを、トランプ大統領がギャングのように、敵を倒す絶好の機会とみて、ウクライナ政府に情報を求めたのだ。** ロシアとウクライナの汚職にまみれた世界がアメリカ政治と一つの織物のようになり、トランプ政権はソ連崩壊後の略奪政治の教科書に従っている。

ロシアのプロパガンダが伝えるのは、ロシアを進歩の見本とするようなメッセージではない。そうではなく、西側の政治もプーチンの政治と同じように腐敗している、というものだ。われわれには汚職があるけれど、西側もそうだ。われわれの民主主義は操作されているが、彼らの民主主義もそうだ、と主張する。それは、だれも信じることができない陰謀論の世界である。

一貫した未来のビジョンはなく、その代わりに、ノスタルジア、陰謀、暴力が広がる。希望はなく、だれもが腐敗している。われわれは皆、ポスト・ソビエトの世界を生きている。

＊　アジアインフラ投資銀行。アジア諸国のインフラ整備を支援する資金融資を行う国際開発金融機関。中国が設立を呼びかけた。日米が主導する世界銀行、アジア開発銀行（ADB）に対抗して開発金融の改革をめざす。

＊＊　しかも、アメリカ議会がすでに認めていたウクライナへの武器援助を取り消す、と脅した。ロシアとの戦争が続くウクライナは、これを失うわけにはいかなかった。

第三節　北朝鮮の核と戦争シナリオ

●核実験と空爆オプション

二〇一八年四月、トランプは外交において軍事力を行使した。シリア政府軍が化学兵器を使用した、と断定し、空母から巡航ミサイルで飛行場を空爆したのだ。しかも、それは中国の習近平主席との首脳会談中に行われた。

トランプが、以前の大統領の外交とは違う成果として強調したのは、北朝鮮問題であった。それは、まったく結果が予測できない危険な非難合戦として始まった。エコノミスト誌の記事によれば、北朝鮮に対する軍事力行使もトランプは考えていた。

一九九四年、クリントン政権下で国防次官補であったアシュトン・カーターは、北朝鮮の寧辺《ニョンビョン》にある核施設を空爆する計画を立てた。それは一ないし二日で完全に破壊されるはずだった。その後、オバマ政権で国防長官となったカーターは、北朝鮮の核兵器庫と核施設を破壊することが核開発体制を損ない、遅らせる点で重要である、と説明した。

しかし、軍事攻撃に良い面があるとしても、それにともなうリスクははるかに重大だった。北朝鮮は二〇〇六－二〇一七年に、水爆と思われる実験を含む六度の核実験を行った。数十発の核兵器を保有しているだろう。大陸間弾道ミサイルの開発も進め、それはグアムやハワイ、そしてアメリカ本土にも達する可能性がある。

朝鮮半島における戦争は、あまりにも重大な損害と犠牲者を生むことがわかっていた。しかし、戦争が起きない、という保証はなかった。トランプと金正恩の双方が、激しい非難と軍事的な挑発を含む、正気を欠いた言葉を発信していた。トランプはさらに、北朝鮮との外交交渉を時間の無駄と述べ、同盟国の韓国や日本にも、協力関係を破壊するような主張をやめなかった。

アメリカの統合参謀本部議長は、アメリカが北朝鮮に軍事力を行使することは考えられない、という意見に対して、デンバーやコロラドを攻撃できる核兵器を北朝鮮が持つことを止めないことの方が考えられない、と述べた。二〇一七年九月、国家安全保障問題の大統領補佐官であったマクマスターは、オバマ政権の前任者であるスーザン・ライスが、ソ連と同じように核武装した北朝鮮を封じ込めることができる、と主張したことに反対した。

オバマ政権は、軍事的な選択肢を、何が起きるかわからない、という意味で拒んできた。スターリン主義型国家の宮廷政治が、核兵器、生物兵器、化学兵器を保有し、非武装地帯の北側にある強化された地下壕から、推定毎分一万発をソウルに向けて発射できる。ドローン、潜水艦、トンネルを抜けて急襲部隊が、韓国を攻撃するだろう。

●中国を説得する

二つの問題が、アメリカの対北朝鮮戦略を決める上で重要だった。一つは、中国による北朝鮮への支援を断つことができるか。もう一つは、金正恩を長期に封じ込めることはできるか。

アメリカが北朝鮮の核開発施設を破壊するために軍事力を行使する場合、戦争が拡大して、最終的に中国からの軍事介入を招く恐れがあった。

中国が最も懸念するのは、北朝鮮の体制が崩壊し、難民が国境を越えて中国に流入すること、さらに、その後、南北朝鮮が統一して、親米的な体制となることだった。それは米軍が中国国境まで北上する（強力なレーダーで中国国内を監視される）ことを意味した。北京はそれを許さないだろう。トランプ政権の当時のティラーソン国務長官は、こうしたことは起きないと中国政府を説得し、協力もしくは静観を求めた。アメリカは、北の体制転換も、朝鮮半島の再統一も、目的としない。そして、中国にとって北朝鮮は、外交上の資産ではなく負債になると説得した。

ティラーソンは、中国がアメリカを助けるなら、軍事介入を避けることができる、と話した。トランプは、もし外交的な解決ができないとき、本当に、軍事攻撃を命令するだろう。米中が協力して厳しい貿易封鎖を行うべきだ。アメリカは北朝鮮がアメリカまで届く核兵器を得ることを、中国は北朝鮮の核保有がアジア全体で核の軍拡競争が起きることを、最も恐れていた。

米中は協力して北朝鮮を非核化できる、とティラーソンと国務省は考えた。しかしトランプの安全保障チームは、軍事力を行使するべきだと考えた。その理由は、イスラエルが空爆で核施設を破壊したことが、二度、あったからだ。一九八一年にイラクで、二〇〇七年にはシリアで、疑わしい核施設をイスラエルは破壊した。それは「予防攻撃」について、テキスト通りの判断であった。北朝鮮の狂った指導者がニューヨークやその他の都市を核攻撃する前に、アメリカが攻撃するべきだ。

●軍事力と威嚇

第二の問題は、核武装した北朝鮮を封じ込めることができるか、である。当時、トランプ政権には悲観論と楽観論があった。北朝鮮の主張は、自衛のために核武装しなければならない、というものだった。しかし悲観論者は信用しなかった。たとえ安全保障を約束しても、北朝鮮は非核化しないだろう。本当の目的は、アメリカを朝鮮半島から追い出し、自分たちで南北を再統一することではないか。

トランプが強く威嚇することで、北は軍事攻撃を恐れ、交渉のテーブルに就くと考えた。軍事行動の危険性を双方がよく理解していれば、交渉が始まる。しかし、非武装地帯の北側における限定的な攻撃であっても、戦争に至るリスクは高かった。

二〇一六年にオバマの国家安全保障会議が、北朝鮮の体制が不安定化した中で核兵器の安全を確保するシミュレーションを検討した。軍事、外交、情報の専門家が集められた。二〇一七年一一月、核施設を確認し、接収するには、アメリカが地上部隊を投入するしかない、と国防総省は議会に書簡を送った。

なぜ金正恩を暗殺しないのか、と外国の関係者に軍の高官は問われた。指導者が殺された場合、北がどのような命令を受けているか、情報はなかった。それが破滅に向かう自動プロセスを始動する恐れがあった。金正恩が反撃しないように、どのような威嚇ができるかわからなかった。

北朝鮮の弾道ミサイルを迎撃することも反対された。失敗した場合、そのダメージはアメリカの防衛力に対する信頼を大きく損なうからだ。

アメリカの関係者は、中国が北朝鮮に対して経済圧力を行使するとしたら、それはむしろアメリカを制御するためである、と考えた。中国は北朝鮮がアメリカの行動を刺激したことに憤慨している。しかし、アメリカに協力しなければ、中国は北朝鮮との交渉における影響力を失うだろう。

中国は、「サラミを薄く切る」ように、中国の銀行や貿易と北朝鮮の取引を制限した。制裁があまりに強すぎて、北朝鮮の体制が崩壊しないように気をつけた。またアメリカには、米韓合同軍事演習を中止し、アジアに先進的な兵器を展開しないことを求めた。中国はアメリカの軍事的影響力がアジアから消えることを、常に、求めていた。

楽観論者は、こうした米中のバランスの中で、非核化をめざす外交交渉の枠組みが機能する、と考えた。北朝鮮のエリート層は、核開発に投資した十分な見返りを求めている、と考え、外交的解決に関する楽観を組み合わせる見方もあった。すなわち、経済制裁と援助だ。

しかし、北朝鮮にも、トランプにも、軍事的な攻撃が何を引き起こすか、北朝鮮がアメリカの意図を誤解するリスクが十分にあった。北朝鮮は韓国の民間人を犠牲にするテロ攻撃を繰り返し行ってきた。良い選択肢がない場合、リスクに耐えるよりも行動を取る、というトランプがアメリカ大統領である以上、戦争が始まる可能性は非常に高かった。

●二一世紀の朝鮮戦争

その前、二〇一七年に、エコノミスト誌は二一世紀の朝鮮戦争を描いた*。

二〇XX年三月、米韓合同軍事演習が行われていた。およそ二万人のアメリカ兵と三〇万人の韓国兵が参加した。この軍事演習は、北が続けるミサイル発射実験に対抗するものだった。

この二年間で、北の二段式ロケットは、アメリカのどの都市をも攻撃できる能力を示していた。そのロケットは、核弾頭を搭載して大気圏に再突入し、ミサイル防衛システムを破るためのデコイを撒くようだった。

一月に行われた熱核実験では、ミサイルが予定通りに運んだ核弾頭が、七〇平方キロの範囲において、すべての生物を死滅させる力を示した。次の最終実験では、アメリカとソ連が一九六二年に到達

---

* 以下の戦争のシナリオは、エコノミスト誌（*The Economist*, Aug. 5, 2017）からの紹介である。

した水準に等しくなるだろうと予測された。

ドナルド・トランプにとって、これはレッドラインを越えるものだった。現在、そして、将来にわたって、許せないことだ。トランプは、大統領になった最初から、北のＩＣＢＭ開発を「そんなことは起きない」とツイッターに書き込んだ。

それ以来、アメリカは北に対する経済制裁を強めたが、中国の行動は限定的で、遅かった。制裁だけでは、北の急速な核ミサイル開発を止めるには不十分であった。

トランプは国内の支持者たちに、タフな決断ができる大統領である、と示す必要を強く感じていた。そこで軍事顧問たちに、金正恩が反撃しようと思わないほどに十分な、しかし、戦争は起こらない程度の作戦を求めた。エスカレートし続ければ、北朝鮮の敗北と金王朝の破滅が避けられない、と金正恩にもわかるだろう。


こうして日本海の潜水艦から巡航ミサイルを発射し、北朝鮮のミサイル基地を破壊する計画ができた。それには監視衛星や高高度のドローンによる情報収集がカギとなった。

●開戦から核兵器の使用へ

金正恩が合理的に考えて、勝てない、と認めても、政治的理由で反撃するおそれがあった。トランプはそれに対して、アメリカが核ミサイルで攻撃する、と警告した。楽観的なシナリオでは、金正恩がアメリカ本土に届くミサイル開発を中止する、と予想された。軍事力行使は成功した、とトランプは思った。「アメリカを地上から消し去る」、「ソウルを火の海にする」という金正恩の脅迫にもかかわらず、何も起きなかったからだ。

しかし金正恩は、一八万人の特殊部隊から、精鋭を韓国に潜入させ、目標へのゲリラ攻撃を命じた。非武装地帯を抜けるトンネルを使って、あるいは、小型潜水艦や、レーダーを回避する旧式の小型機でも、彼らは韓国に侵入した。北朝鮮海軍は東西の海に機雷を敷設した。重要施設へのサイバー攻撃が連続して行われた。

北は、アメリカ軍の全面的な反撃をもたらすようなソウルへの神経ガス攻撃ではなく、韓国市民の間にパニックと不安を引き起こすことを狙った。金正恩の顧問たちは、こうした作戦で韓国政府に最大限の圧力をかければ、戦争につながる軍事的エスカレーションを止めることができる、と助言した。

しかし、それは大きな誤算だった。米韓連合軍は金正恩の次の行動が予測できなかったため、そのような破壊活動を全面戦争の前触れと考えた。それはソウルからの外国人、すなわち、アメリカ人一五万人、日本人四万人、中国人およそ一〇〇万人の退去につながった。こうした退去が、全面戦争に向かう動きである、と北朝鮮に強く予感させた。

米軍と韓国軍は最悪のケースに備えた。すでに行われていた軍事演習の作戦が実行された。それは、かつての朝鮮戦争と異なり、戦闘ラインを越えて、精密兵器や特殊部隊を駆使する作戦だった。

北の配備していたソ連時代の地対空防衛システムは、即座に破壊されていった。ミサイル、スマート爆弾、地下施設を破壊する「バンカーバスター」が、北の核基地、ミサイル発射台、指令所に対して雨のように降り注いだ。北の指導者たちを殺害する、韓国特殊部隊の「斬首作戦」も実行された。

しかし、作戦は徐々にしか進行しなかった。秘密の核基地があるはずだった。山岳地帯にトンネルのネットワークを築き、移動式の核ミサイル発射台が地下深く隠されていた。

したがってアメリカ軍は、少なくとも五〇〇機の戦術機を空母とアメリカの基地から追加する、と決定した。北の防空システムとその他の目標、既知のものに加えて新しく見つかるものを破壊するためだ。それには数週間を要した。それは北に対して、アメリカ軍の強い決意を示し、金正恩に攻撃をやめるよう求めるものだった。

金正恩は劣勢を意識したが、この段階では全面戦争を避けたようとした。しかし韓国に集積する空軍力を、彼の最も重要な武器に先制攻撃するものとみた。ソウルに向けた一万四〇〇〇門の大砲が失われる。最後の一時間で限定的な反撃を加え、武器を維持する選択をした。それはトランプに向けたメッセージであった。金正恩はそこで終わらせたかったのだ。

しかしすでに数千人の死者が民間人と兵士に出ていたアメリカ軍も韓国軍も、これを全面攻撃の始まりだ、と考えた。

もしそうであれば、モデルが示すように、数時間のうちに一〇万人がソウルで死ぬだろう。速やかに行動しなければ、犠牲者はさらに増える。軍事作戦が即座に実行された。同時に、トランプから金正恩に向けて直接に警告がなされた。もし金正恩が核弾頭を搭載したと疑われるミサイルを発射すれば、即座に、核による反撃があると思え。「金正恩とその国は地上から消える」。

初期の攻撃の激しさに金正恩は驚いた。彼の、技術的には粗野だが、大量の軍事インフラが消滅しつつあった。洞窟に隠したはずのミサイル発射台も、バンカーバスター爆弾で粉砕された。彼自身が二度も空爆で殺されかけた。

体制が崩壊することを知って、金正恩は一層の攻撃を決意した。ソウルへの総攻撃だ。多くの迫撃砲と化学兵器を搭載したミサイルが発射された。すでに潜入していた特殊部隊が人口密集地で毒ガスを撒いた。生物兵器を使用したという噂が広がった。

金正恩には時間がないとわかっていた。残された核兵器を使用するか、決断しなければならなかった。彼は、敵のことも、自国で長く苦しむ国民のことも考えなかった。二基のＩＣＢＭ発射台はいずれも失われ、三基のムスダン中距離ミサイルは、東京と沖縄米軍基地を狙ったものだが、日本のパトリオット砲兵隊に撃墜された。彼が生きている間に知ったのはそれだけだ。短距離ミサイル二基だけがソウルに達した。

初期の死者数は三〇万人を超えた。この先数か月にわたり、放射能の影響で、アメリカの民間人や軍関係者を含む、さらに多くの死者が出るだろう。トランプは、核による反撃しか選択肢はない、と助言されていた。それは、ステルス爆撃機による、誘導型の最新鋭核爆弾であった。非常に正確で、民間の犠牲者を抑えるように破壊力を制御したものだった。

四発の核爆弾で戦争は終結した。金正恩と彼の司令官たちは塹壕内で消滅した。攻撃が続くことを恐れた一〇〇万人以上がピョンヤンを脱出しようとした。秩序の崩壊と食糧不足で、中国との国境周辺が人道的極限状態に陥った。核物質が中国の都市にも飛散した。

エコノミスト誌の描く戦争終結後の世界は、怒りに満ちた中国の指導者、世界中の株価暴落、不況の始まりである。しかし、トランプはツイッターに気勢を上げた。「邪悪な金正恩によるソウルへの核攻撃は間違いだ。核で反撃するほかなかった。しかし私が行動したおかげで、アメリカは再び安全になった」。

●北朝鮮の封じ込め

外交によって戦争を回避するべきだ。しかしトランプは、危機を高めて、トップ同士の直接交渉を演出し、大きな譲歩を示して、それに見合う譲歩を引き出すことが「ビッグ・ディール」だと信じている。国連安保理を通じた厳しい経済制裁の後、核施設への空爆を示唆し、核戦争の危機を煽った後、トランプは金正恩との二度の首脳会談を行った。そして「完全な非核化」、CVID（完全かつ検証可能な、不可逆的、非核化）を要求した。少なくとも、官僚たちは。

その成果は、トランプが空爆の選択肢を捨て、金正恩は核実験、大陸間弾道ミサイル実験を中止し、アメリカが事実上の核保有国となった北朝鮮の独裁者とともに生きる、と学んだことだった。

ジェフリー・ルイスによれば、北朝鮮が考えているのは軍縮をまねた一連のジェスチャーである[Lewis (2019)]。シンボリックなステップを踏んで、アメリカとの新しい関係を築く。言い換えれば、北朝鮮はイスラエルの地位を望むのだ。皆がイスラエルは核兵器を保有していると知っている。しかし、イスラエル政府は公に、核保有を認めていない。

トランプ以前、アメリカ外交の目標は、軍事力の行使を最後の手段とするものだった。主要関係諸国を含む形で、北朝鮮は非核化と安全保障とに合意する。そして、アメリカとの関係正常化によって国際機関に加盟した後、そのルールに従った国内の制度改革を進める。同時に、開発援助や融資を受ける。世界市場を通じた成長戦略の信頼が高まれば、外国からの民間投資や技術移転が刺激され、東アジアで示された高成長を北朝鮮も経験する。

いつか、北朝鮮の支配者は失脚するだろう。そしてドイツのように、朝鮮半島も民主国家として再統一される。そのときまで、アジアは平和を維持し、金正恩を封じ込めねばならない。

第四節　封じ込めによる平和か、統合か

●アジアの地政学

アジアの四大国で、攻撃的なナショナリズムが指導者たちによって好まれている。戦後秩序に関する国際協調を重んじるマルチラテラリズム*に代わって、大国間競争の時代がやってきた。[Stephens (2014)]

インドのナレンドラ・モディの勝利は、直接、地政学とは関係ない。モディは、国民会議派の無能さと汚職に呆れた有権者から支持された。彼の公約は高成長と生活水準の向上である。しかし、モディのヒンドゥー・ナショナリズムはアジアの緊張に一致する。

中国の習近平は中華の栄光を回復したいと願っており、日本の安倍晋三は中国に対抗できる経済の復活を狙っている。ロシアのプーチンはウクライナに介入し、国際協調という考えを軽蔑している。

安倍は、モディが最初に訪問する国は日本になることを望んだ。同じ気性、同じ目標を持っている二人なら、戦略的目標に関する交渉が可能だろう。日本はインドの経済発展を加速する技術を持ち、投資が行える。インドは中国を封じ込める強力な同盟国になる。両国はともに中国との領土問題を抱え、中

国がインド洋に影響力を拡大するのを嫌っている。

他方、西側と対立したプーチンは東に友好国を求める。プーチンは北京に来て、中国に対する天然ガス供給の巨大契約に合意した。それは習にとっても利益だ。中国は天然ガスがほしいし、ロシアは国連安保理における都合の良い同盟国になる。どちらも西側に偏った現在の国際システムを嫌っている。ただし両国の関係は不均等だ。中国はロシア経済の失敗、社会と人口が示す衰退を軽蔑している。

安倍は、クレムリン（ロシア政府）が中国の圧力に対抗するヘッジを求めている、と計算する。人口が減少するシベリアで、中国人が優勢になるのを心配しているのだ。ロシアの極東地域では中国人が支配勢力になり、プーチンがウクライナ東部でしているように、北京が境界を越えて中国人の保護を主張するかもしれない。安倍はロシアのクリミア併合を非難せず、日ロ関係の「正常化」を狙った。

この万華鏡は、さらにベトナム、フィリピン、韓国、といった小国の行動が加わって複雑になる。その結果、地域の防衛支出が急速に増え続けている。和解を促す地域制度の欠如がこの地域を発火しやすくしている。

アメリカが均衡を維持する力は次第に弱まるだろう。中国の戦略は明白だ。アメリカを西太平洋から追い出し、近隣諸国を従わせて貢納させるシステムを築く。

＊ 多国間主義。国際貿易から投資や外交まで、二国間より、他国へ不利益をもたらさないよう、世界全体の枠組みの中で調整される。国際会議や国際条約、国際機関、国際協調を重視する。

●台湾海峡と米中の核戦争

エドワード・ルースは、トランプの中国に対する強硬姿勢が、台湾をめぐって核戦争の瀬戸際まで突き進むシナリオを想像した。［Luce（2017）pp. 152-153）］

二〇XX年、事態は急速に制御できなくなる。アメリカ・ファーストの政策を強めて、トランプはWTOから離脱し、中国の貿易黒字や投資規制を強く批判した。米中関係は一気に悪化する。トランプの強硬姿勢に励まされ、台湾の蔡英文総統が、独立を問う住民投票を来年初めに実施する、と発表した。アメリカは中立を維持する、とトランプは述べたが、中国の反応は早かった。北京は軍事力の警戒レベルを引き上げ、台湾に対して、「統一を受け入れるか、中国が占領するか」を問う期限のない最後通牒を告げる。数週間を経て、台湾に混乱が広まる中、公的秩序は崩壊し、アメリカ軍の輸送機と中国海軍の警戒機とが台湾海峡で衝突するリスクが高まる。

中国の諸都市ではアメリカ国旗が燃やされた。ロシアのプーチンは沈黙を守っていた。そのとき、習近平が要求を一気に高める。「アメリカは軍を台湾海峡から退去させよ。さもないと、重大な結果を招くだろう」と警告したのだ。トランプは即座に返答した。「アメリカは断じて引き下がらない」。数時間後、中国の地対空ミサイル・システムが、防空域に残っていた米軍攻撃機を撃墜した。トラ

ンプは、その報告を待つことなく、海南島にある中国海軍の基地をミサイルで報復攻撃するよう命じた。一時間以内に、中国の原子力潜水艦がアメリカ海軍の空母からミサイル攻撃を受けた。世界の二大国が核戦争の瀬戸際にあった。

プーチンが介入したのはこのときだ。プーチンが交渉へのドアを開けた。世界の終末が迫っていた。北京は、すでに非常時の外交的介入を求めていた。トランプは米軍の核攻撃部隊を最高警戒レベルにした。彼のツイッターは不気味に沈黙したままだ。そのとき、台湾政府が「統一の可能な条件に関して、オープンに話し合う用意がある」と発表した。トランプは友好的なオブザーバーとして歓迎される、と。中国もそれに同調する用意があると示した。プーチンは、トランプに賭金を下げるよう求めただけだ。しかし、それができるのは世界で彼しかいなかった。

ロシア大統領は、中国人は少なくとも千人が死んだだろうが、アメリカ人は七四人だけだ、と述べた。「わが友ドナルドは、世界にアメリカが戦いを恐れないことを示した」。そしてプーチンは、ホワイトハウスの芝生にトランプと並んで立ち、こう言った。「あなたのおかげで、だれもアメリカの偉大さをもはや疑うことはない」。

プーチンは停戦をまとめるが、それは和平条約ではない。世界は再び平和になった。しかし、それは以前と同じではないだろう。トランプの支持率は一気に六〇%を超えた。

大国間秩序によって、かろうじて、世界は破滅の淵で立ち止まる。トランプは、二〇一八年、空母から巡航ミサイルでシリアの基地を爆撃し、オバマとの違いを誇示した。他方、シリア北部では、トルコのエルドアンと電話会談した後、クルド人部隊を見捨てて米兵が撤退した。イランへの経済圧力と報復合戦の末に、イラク領土内でトランプはイランのソレイマニ司令官をドローンで殺害した。

●関与と貿易・投資

ザンビア出身のエコノミスト、ダンビサ・モヨは、アフリカが地域の政治経済秩序を改善し、統合するための国際的な支援を西側世界に求めた [Moyo (2018)]。

アフリカは急速に成長するだろう。中国、インド、アメリカ合衆国、日本、ヨーロッパのほとんどを合わせたほど大きな大陸である。世界の耕作可能な土地で、まだ耕されていない六〇%がアフリカにある。ダイヤモンドの五三%、プラチナの七五%を埋蔵する。アフリカ諸国は銅や鉄鉱石の主要生産地である。アフリカの人口は世界で最も若く、最も急速に増大している。

西側がアフリカを放棄することは、無責任であり、深刻な危険をもたらす、とモヨは訴える。伝染病、テロ、大規模移民の源泉として、アフリカはすでにグローバルな安定性を脅かしている。その脅威は気候変動によって強まるだろう。かつてスペイン風邪は、わずか二年で、第一次世界大戦の戦死者の五倍の命を奪った。同様に、暴力をもたらす過激派は、特殊な環境、特殊な条件で拡大する。腐敗した政府、内戦、国家の諸制度が崩壊している地域に、過激派は引き寄せられる。アフリカの境界線は穴だらけだ。大規模な移民がアフリカで生じている。二〇一七年、アフリカからの移民流出は三七〇〇万人であった。気候変動が安全保障のリスクとなる。

アフリカに対する建設的な関与*が成功すれば、世界経済は大きな報酬を得るだろう。利用されていない資源、活用されていない女性労働力の存在は、将来、アフリカが中国と同じ役割を果たす可能性を示す。今、中国は世界GDPの一五%を占め、グローバルな成長の三〇%をもたらしている。

関与の放棄は、歴史が教えるように、しばしば破滅をもたらす。第一次世界大戦後、ドイツに連合諸国が犯したリスクを思い出すべきだ。西側はワイマール共和国に関与せず、政治不安、ハイパー・インフレーション、そして過激派が政治を支配した。同じ条件をアフリカは、今、経験している。第二次世界大戦後、ドイツは債務を負わず、アメリカが再建を支援した。東西の分断にもかかわらず、西ドイツは国際貿易に復帰し、政治を安定させて、ナショナリストの過激派が広まるのを防いだ。

その成果が、EUの中心となった現在のドイツだ。同じ経験を、アフリカについて無視してはならない。国際秩序による平和と投資こそが、長期的な解決策である。

＊　エンゲージメント政策。軍事力による威圧、冷戦期の「封じ込め」に代わるポスト冷戦の政策。人権問題とは切り離して中国の世界貿易機関（WTO）加盟を認め、孤立させるより、国際秩序に組み込んだ。

●人口移動とメガシティ

アフリカ各国の政府は、ミサイルや、近代的な、外国の敵に向かう軍隊によって力を高めている。しかしその一方で、貧しい生活環境、物価の高騰、水不足、住民の声に応えられない公共サービスなど、人口過密のメガシティが民主主義と過激主義の土地と化す。

都市の不満、若い反政府指導者たちは、アフリカにおける若者の膨張を反映している。民主化とポピュリズムの両面を含む、政治が飛躍する瞬間が訪れる。ウガンダの首都カンパラのスラムにスタジオを持つ、アフロ・ビート音楽のスターであったボビー・ワイン*が逮捕された。「彼の本当の罪は、人気があることだ」とエコノミスト誌の記事は書いた。

議会選挙で当選した後、「もし議会がゲットーに来ないなら、ゲットーが議会に行くだろう」とボビーは言った。

人口の約八〇%が三〇歳以下であるウガンダで、ボビーは都市の若者たちから強い支持を得ている。二週間後に解放されたが、兵士たちに殴打され、拷問を受けた、という。今も、国家反逆罪に問われている。都市の貧しい若者たちは、アフリカ各地で新しい政治家**を支持している。

アフリカ全人口の年齢の中央値が一九・五歳である。しかし指導者たちの平均年齢は六二歳だ。急速な都市化が進む一方で、若者たちには経済的機会がない。一九六〇年、人口の一五%が都市に居住し、それはヨーロッパの一六〇〇年ころの水準であった。しかし今、都市化は三八%に達し、二〇三〇年までに五〇％を超えるだろう。ヨーロッパや東アジアでは、農村から工場へ、労働者の移動が都市化をもたらした。しかしアフリカは違う。人びとは都市のインフォーマル・セクター***に入る。「人口の密集したメガシティによって地形図が埋め尽くされる新しい時代に、カギを握るのは群衆である」とカプランは考えた［カプラン（2014a）一五〇頁］。個性を捨てて、誘惑的な集団的シンボルに走る、大規模な集団である。民族主義、過激主義、民主主義への切望はすべて、群衆が生まれる過程の副産物である。その圧力が既存の権力構造を破壊していくだろう。

結び

地政学が主張するような、大国の地理的な拡大と均衡が、ブレグジットとトランプの背景にあった。英米、そして西側が築き、維持してきた国際秩序が、今や大きく損なわれ、中国など、新興諸国にパワ

＊　Bobi Wine（本名Robert Kyagulanyi Ssentamu）。ボブ・マレーのレゲエ音楽に感動して、ボビーを名乗った。［Freytas-Tamura（2018）］

＊＊　特に、ケニアのRaila Odinga、ジンバブエのNelson Chamisa、南アフリカ共和国のJulius Malemaを記事は挙げた。

＊＊＊　経済活動が国家の統計や記録に含まれていない、農村から職を求めて都市部に移住した貧しい人びとの仕事や住居が集まった地域。露店、行商、ゴミ集め、など。

ーを奪われている、という感覚が、豊かな諸国の中産階級や労働者の不安と重なった。

国際秩序への信頼が低下することは、大国の攻撃的な姿勢、小国の不安を強めた。大国は貿易だけでなく、金融や軍事力で威嚇し合い、国際秩序の改革や調整を進めるより、各地で戦争を起こす。しかし、朝鮮戦争と核兵器の使用、台湾海峡をめぐる米中戦争という二つのシナリオは、大国の行動を支配するリアリストの論理が、どれほど深刻な危険をもたらすか、想像する材料になる。

リアリストの議論は悪循環だ。出口があるとしたら、同盟から多国間の協調へ、地域の覇権国と国際会議による平和の維持へ向かうことだろう。明確な行動基準や、逸脱行為に対する制裁が合意されねばならない。冷静で、互恵的な外交が、平和の条件を制度化するために続けられる。平和は、貿易や投資による繁栄の基礎によって長期に維持される。それは各国による構造調整過程である。同時に、国家を超えたグローバルなパワー・シフトと、協調的な構造調整政策について、交渉し、合意することでもある。

リベラルな民主主義や資本主義がもたらす豊かさ、グローバリゼーションは、境界線のない世界に平和を実現するはずだった。ブレグジットとトランプがそうした楽観論を打ち砕いた。

第6章 ❖ 世界金融危機

投機，熱狂，パニックは予想されたことである。最後の貸し手と金融秩序の安定性を守る制度が壊れた。政治が問われている。国際金本位制の下で大恐慌を経験したスウェーデンやアメリカは，戦後の成長を実現する内外の制度化と政治的な合意を得た。しかし，ブレトンウッズ体制は崩壊し，金融自由化が進む。ブームでもインフレが起きず，国際収支不均衡と低金利がバブルを生んだ。政府はさまざまなトリレンマに直面する。

はじめに

●金融危機から一〇年

「世界金融危機」とよばれた英米から広がる金融危機こそ、さまざまな不満と苦痛の原点であり、金融市場に振り回される政治経済システムと、それをたたえる政治・金融ビジネス・中央銀行の指導者たちの「偽善」、「虚偽」、「詐欺」、「略奪」を激しく問い質す転機であった。

世界金融危機がなければ、金融機関の救済や財政緊縮策もなく、僅差の勝利であったブレグジットとトランプ大統領も実現しなかっただろう。

二〇〇八年九月一五日のリーマン・ショック*から一〇年を経た反省と評価を、当時、最も重要なポストに就いていた政策担当者三人**、ベン・バーナンキ、ティモシー・ガイトナー、ヘンリー・ポールソン・Jr.が書いた。〔Bernanke *et al.* (2018)〕

「金融パニックでは、投資家がすべての資産に対する信用を失う」。そして、最も安全な、最も流動的な資産に逃避する。リスクのある資産の価格は暴落し、新規の融資は利用できず、労働者や住宅所有者、貯蓄者にとって、悲惨な結果となる。

「われわれは危機を予測できなかったが、危機に対する行動は早かった」。連銀は大量の短期資金を市場に供給した。財務省、預金保険公社、議会も行動した。住宅市場、モーゲージ市場を支持し、強力な財政刺激策を承認したのだ。

しかし、財政刺激策は不十分だった。財政赤字のGDP比を心配するヒステリーがあったからだ。さらに、民主党が求めることには何でも共和党が邪魔をした。[Krugman (2018)]

救済された銀行が支払う巨額のボーナスは議会で問題になっただけで、金融ビジネスの指導者たちは法的な制裁を受けなかった。バブルをめぐる訴訟は、犯罪に直接関わった者だけだった。[Tett (2018)]

●金融危機と政治

FTの社説[The Editorial Board (2018)]も、一〇年後の評価を示した。

世界金融危機が他の金融危機と異なるのは、それに続けて、ユーロ圏の政府債務危機が起きたことだ。最初は、英米を震源地とした危機であり、ヨーロッパは関係ないと思われた。

しかし、金融危機は政治的な危機であった。各国は、債務が超過した銀行を整理し、金融システムの

＊　リーマン・ブラザーズの経営破綻とその後の株価暴落などを指す。リーマンはアメリカ第四位の投資銀行であったが、低所得層向け住宅融資の証券化で失敗し、破綻した。政府は救済しなかった。金融機関同士がお互いを信用できなくなって金融市場は機能を停止し、世界的な金融危機に発展した。

＊＊　それぞれ、アメリカ連邦準備制度理事会の議長、ニューヨーク連邦準備銀行総裁、アメリカ財務長官であった。

健全化を進めたが、危機のもととなった債務は他の部分に移して残された。シャドー・バンキングやノンバンクだ。資産運用会社やヘッジファンド、保険会社も、かつて銀行が行ったようなリスクの高い金融商品を売買するようになった。ハイテク企業も金融ビジネスに参入した。

金融市場のグローバル化と、ネットワークによる緊密化により、「大きすぎて潰せない*」問題は悪化した。主要な銀行が債務超過で倒産すれば、金融市場の売買が突然停止し、金融システム全体が崩壊する危険があった。

金融危機の後も債務は全体として減少せず、むしろ増大した。主要諸国の中央銀行が超低金利政策と量的緩和を選択したからだ。世界の株価や大都市の地価は、一〇年を経て、再び記録的水準にまで上昇していた。他方、資金供給を減らして金融政策を正常化すると、新興市場の危機を誘発する恐れがあった。米中貿易紛争も、新興市場についての投資家の不安を刺激した。

●パワー・シフトが起きた

一九九七年のアジア通貨危機の後、アラン・グリーンスパン連銀議長と、ロバート・ルービン財務長官、ローレンス・サマーズ財務副長官の三人が「世界救済委員会」としてタイム誌（一九九九年二月一五日）の表紙を飾った。しかし今回は、新興諸国を含むG20が政策協調の舞台となった。

パワー・シフトは明白である。ガイトナーが北京大学で学生たちに講演したとき、「あなたたち中国人のアメリカにおける資産は安全だ」と言うと、学生たちから（安堵や称賛よりも、軽蔑の）笑いが起きた。[Smick (2009)]

世界不況を回避する政策は以前と同じだった。主要諸国が協調して金融緩和する。赤字国に融資し、保護主義や通貨の競争的切下げを抑えた。しかし、国際政治の限界から相互の不信感が高まると、政策協調は難しくなった。オバマ政権は一九三〇年代のような保護主義法案を準備したわけではないが、税制や補助金、政府支出、そして規制において、議会が国内優先を明確にした。

中国・人民元の為替レート（ドルへの固定制）と貿易黒字、外貨準備の累積が批判された。しかし、中国の大胆な財政・金融の刺激策と成長維持は、世界が恐慌に落ち込むのを防いだ。同時に、国際通貨の地位をめぐって、ドルから人民元への交代が始まるという不安があった。中国政府は人民元の国際化を推進し、ＳＤＲへの組み入れや国内金融市場の整備を進めた。

主要国で、反エリートや反ビジネスを主張するポピュリズムが支持された。ＦＴ、エコノミスト誌などの主要メディア、産業界の指導的な団体が、今では資本主義の改革を訴える。

＊ Too Big To Fail.（ＴＢＴＦ）巨大な金融機関の倒産は金融システムを崩壊させるリスクがある。しかし税金による救済は、規律を無視した融資拡大、国民から金融機関へ富の移転になる。

第一節　金融危機の歴史

●金融危機は繰り返す

金融危機は、例外ではなく、資本主義にとって正常な現象である。チャールズ・キンドルバーガーはそれを「多年草」とよんだ。金融危機は同じパターンを繰り返しており、「ハリケーンに似ている*」。つまり進路・経路をおおまかに予想できる。二〇〇八年の世界金融危機を理解するには、この嵐を追跡することが重要だ。

> ある時点から、ブームはバブルになった。野心的な銀行から庶民にいたるまで、だれもが限度いっぱいまでレバレッジを高め、価格は上昇する一方だという疑わしいが奇妙なほど説得力のある見方に賭けた。経済学者の大部分はこの動きを歓迎し、市場はつねに正しいのだから干渉しないのが最善の方法だと主張した。ごく少数ながら、いずれ暴落が起こると警告した経済学者がいたが、バカにされるか無視された。
>
> そして暴落が起こった。〔ルービニほか（2010）二二頁〕

こうして一つの時代が終わったのである。ただし、これは二〇〇八年の金融危機ではない。八〇年以上前の大恐慌に先立つ経過である。危機は、ほぼ同様の現象として再発している。根拠なき熱狂、レバレッジ**のピラミッド、金融のイノベーション、資産価格のバブル、パニック、銀行をはじめとする金融機関の取り付け騒ぎは共通している。危機は例外ではなく、常態である。

●ブームとマニア

ある資産の価格が、経済の基礎的な条件（ファンダメンタルズ）で説明できる水準をはるかに超えて上昇する。すなわち、バブルである。それは債務の積み上げといっしょに起きる。借り入れた資金で資産が購入される。信用供給が過剰に行われるケースが多い。すなわち、金融規制や監督の失敗、金融政策の過度の緩和状態が重なって起きる。

信用によるブームとは別に、大きなイノベーションが将来への楽観とバブルをもたらすことがある。たとえば、鉄道やインターネットの導入だ。さらに、バブルの多くが、金融構造の変化、新しい金融商

＊　ルービニほか（2010）一二三頁。逆に、危機を予想外のこととみなす多くの金融専門家や業界関係者は、「ブラック・スワン」、「心臓麻痺」にたとえた。［Wolf（2010）］

＊＊　借入金によって投資を行うこと。利益も損失も増幅される。株式や外国為替などを少ない資金で大きな金額の取引にする仕組み。また企業が株式の発行により借入金・社債を増やすこと。

品や金融機関と結びついている。投機的なバブルに参加する新しい道を開くからだ。そして、伝統的なリスク評価が無視される。

ブームがそもそも何であったかに関係なく、次第に、熱狂的な投機につながる。キンドルバーガーは、投機の対象になったさまざまなものを挙げた。株式、住宅、不動産。鉄道株式、外国の債券。合併会社。硬貨、金、銅。ハイテク株。デリバティブ。あるいは、チューリップ。〔キンドルバーガーほか（2014）六一―六四頁〕

金融危機の定義については一般化や定式化が困難だ。アイスランドの首都レイキャビクに並ぶクレーンの多さを見て、経済学者のロバート・アリバーはそれがバブルであると確信した。過去の暴落を挙げて警告しても、人びとは新しい時代や新しい理論、異なる事態として、その異常に高い水準を正当化する。そのような心理こそ、熱狂的な投機と切り離せない条件である。

バブルは悪循環を生じる。価格が上昇した資産を、さらに担保として借り入れを増やす。住宅価格の上昇を利用して、高まった資産価値を現金化することもアメリカで広まった。「自分の住宅をＡＴＭ（現金自動預け払い機）のように使った」と、ルービニは指摘する。そして家計は消費を増やし、成長をさらに刺激した。人びとの所得、企業の利益が増える限り、リスクを考えずに借り入れを増やし、支出を増やすことができた。

●パニックと不況

投機の対象となった資産の供給が需要を上回ると、バブルの膨張は終わる。価格が上昇するという確信が失われ、借り入れがむつかしくなる。価格が下がり始め、レバレッジの解消が始まる。貸し手がパニックになって、担保不足を補うように求める。資産の投げ売りになる。担保価値がさらに下がり、人びとは出口に殺到する。安全性や流動性が高い資産に移ろうとする。バブルのときとは逆に、基礎的条件で決まる価格をはるかに下回る水準まで、金融資産の価格は下がった。

住宅所有者はローンの返済ができなくなり、住宅を差し押さえられた。モーゲージ・ローンを集めて担保とした証券の価格が急落する。レバレッジの高い金融機関はリスク資産を買わなくなる。銀行は安全を極端に重視する姿勢に変わって貸し出しを制限し、信用逼迫が起きる。個人も企業も借り換えができず、返済のために支出を減らすことから、実体経済が縮小する。金融危機は深刻な不況をもたらした。

金融危機はさまざまな形や装いで現れる。それを抑制、あるいは、回避する試みが、資本主義の新しい規制や制度につながった。ルービニは、そのいくつかの試みを歴史的に挙げている。

●政府、王朝、資本主義

かつて、資本主義以前にも、政府や王朝による通貨の改鋳（金・銀の含有量を減らす）や紙幣の増刷、債務の履行拒否、徳政令などがあった。銀行家・商人たちはこれを避けることができなかった。その支配者の領土を去るしかなかった。

オランダやイギリスが資本主義の中心地として繁栄するようになってから、資産バブルが起きた。一八二五年の恐慌が、世界的に波及した最初の金融危機と理解されている。このような危機の対策として、ウォルター・バジョットは「最後の貸し手」を明確に主張した。パニックで銀行に取り付け騒ぎが起きたときは、中央銀行が無制限に貸し出すことだ。今も、日本銀行はシステミック・リスクに対して、手形や国債のような担保を取ってこれを行う、と明示している。

●一八七三年の恐慌

一九世紀で最も激しい金融市場の世界的な暴落として、ルービニは一八七三年の危機を挙げる。イギリス、ヨーロッパ各国の投資家から、アメリカや中南米の鉄道に投機的な資金が集まり、さらに、普仏戦争の賠償金がフランスからドイツに支払われた。このことをきっかけに、ドイツとオーストリアで不動産投機も起きた。こうしたブームが終わったとき、ウィーン、アムステルダム、チューリヒの株式市場が暴落した。そしてヨーロッパの投資家が海外資産を売却したため、アメリカの鉄道関連ブームを危機が襲った。投資銀行家のジェイ・グールドとその銀行、ノーザン・パシフィック鉄道が倒産した。ウォール街の激しいパニックは、再度、ヨーロッパにパニックを引き起こした。

世界のかなりの地域で不況とデフレの悪循環が起き、アメリカの鉄道会社の四分の一は倒産し、失業の増大、賃金引き下げで、流血の暴動、ストライキが起きた。キンドルバーガーは、株式市場の連鎖的な下落で「全世界が一つの都市となった」という、カール・マイヤー・フォン・ロスチャイルド男爵*の手紙を紹介している。［ルービニほか（2010）三四頁；キンドルバーガーほか（2014）一九七－一九九頁］

●J・P・モルガンの介入

二〇世紀の危機として、特に、一九〇七年のアメリカの投機ブームをルービニが紹介している。このときJ・P・モルガン**がニューヨーク市の主な銀行家を招いて、銀行取り付け騒ぎを鎮静化する会議を開いた。「一一月第一週の週末、モルガンは最後の手段として、有力銀行家を自宅の図書館に招いた。銀行家が相互支援に合意できなかったとき、モルガンは全員を一室に集め、ドアに鍵をかけ、その鍵を

＊　ロスチャイルド（ロートシルト）家は、一九・二〇世紀のヨーロッパ金融界に君臨した国際的財閥。一八世紀、フランクフルトの両替商マイヤー・アムシェルに始まる。彼は五人の息子をフランクフルト、ロンドン、パリ、ウィーン、ナポリに配し、国境を越えた金融活動を展開。ラテン・アメリカ諸国の公債発行も請け負った。カール・マイヤーは四男としてナポリにおける事業を立ち上げた。

＊＊　ジョン・ピアポント・モルガン。モルガン財閥の創始者。多くの鉄道を経営・統合し、USスチールも設立した。一八七〇年普仏戦争でフランス政府に一〇〇〇万ポンドの借款を供与した。一八九五年、財務省の金流出が続き、クリーブランド大統領は、モルガンに資金調達を要請した。一九〇七年恐慌の処理に主導的役割を演じ、一九一〇年一一月、連邦準備制度の設立に向けた秘密会議を開く。

ポケットにしまった。銀行家は最終的に支援策に同意し、その直後に危機は収まっている」［ルービニほか（2010）一五三頁］。その六年後に、アメリカの連邦準備制度理事会（ＦＲＢ）が誕生した。この逸話は二〇〇八年の金融危機でも繰り返し言及されている［ソーキン（2014）］。

しかし、一九二九年の大恐慌において、危機が拡大するのをＦＲＢは傍観していた。通貨供給量は急激に減少した。さらに、連邦政府のアンドルー・メロン財務長官が、労働者の解雇や債務処理を危機の対策として主張した。失業率が上昇し、銀行は次々と閉鎖された。

なぜ「最後の貸し手」は危機を防げなかったのか。

●一九二〇年代のグローバルな金融市場

一九二〇年代の「ブームの終わりはまったく何気ない形で始まった」。北米の外で徐々に成長が衰えたのだ。一九二八年に、主要な農業生産の状況が悪化した。ヨーロッパとアジアでは不況が始まった。アメリカのブームは続いていたため、対外投資の魅力が失われ、アメリカの資本は国内に向かい、株式市場が顕著に上昇した。「一年たらずで倍増する株価に比べて、それを超えるようなリターンは海外投資になかった。アメリカからの資金供給が世界で枯渇した」。［Frieden（2006）p. 174］。

アメリカに資本が引き上げることに対して、ヨーロッパの諸政府は、為替市場で自国通貨を守るため通常の行動を取った。すなわち、金利を引き上げ、財政緊縮策を取ったのだ。当時の理解では、それが資本を引き寄せ、国内の賃金や物価を下げて、その国の競争力を改善するはずだった。

他方で、アメリカの通貨当局も深刻な問題に直面した。連銀はウォール街の投機的な株の売買を抑制したかった。しかし、アメリカが金利を上げれば、それはヨーロッパやラテンアメリカからの資本流出を強めるだろう。国内の金融市場安定化と、ヨーロッパの不況とが、連銀の政策決定をむつかしくした。国内目標を優先する意味で、連銀は一九二九年八月に金利を一％引き上げて、株式投機を鎮静化させた。

●農産物価格の下落

一〇月後半には、熱狂が終息した。三週間ですべての相場が下落し、一年間の上昇分を失って半減した。三か月で、アメリカの工業生産は一〇％、輸入は二〇％減少した。主要な商品価格は驚くべき速さで下落した。アルゼンチン、オーストラリア、ブラジル、カナダといった農産物輸出国は大きな打撃を受け、公式あるいは非公式に金本位制から離脱した。

キンドルバーガーは、この商品価格の下落に関して、マネタリストの「貨幣錯覚」論を批判している。すなわち、価格変化は、それによって損失を被る者（たとえば、農産物価格の下落に直面した農民）と利益を受ける者（農産物を消費する都市の住民）がいるから、その効果は相殺され、無視しなければならない、という主張だ。しかし、デフレによる利益の実現は、損失よりも遅れる。損失を受けた者は預金を引き出し、あるいは破産し、銀行が倒産するかもしれない。他方、利益を受けた者が、新しい銀行を設立す

ることはない。この非対称性が恐慌をもたらす。〔キンドルバーガーほか（2009）一四六頁〕

キンドルバーガーの基本的視点は、アーサー・A・ルイスの説明とも重なる。それは、なぜ一九二〇－二一年の価格下落は同じような不況を引き起こさなかったか、という問題だ。一九二九年の不況は、以前の不況に比べて非常に激しく、かつ長引いた。ルイスは、一九三〇年に焦点を当て、「その主要な理由は、農産物およびその他の原料価格の驚くほど急速な下落にあった」と推定した。一九三〇年の回復は、この異常に激しい一次産品価格*の下落によって、新投資が延期されたことに苦しんだ。銀行倒産、通貨価値の破壊、金の退蔵、投資の減少がデフレを強めた。〔ルイス（1969）五七、七〇－七二頁〕

●工業諸国のデフレ政策

世界経済においては、農産物輸出国より、もっと重要な工業諸国が、物価の下落に対して何もしなかった。それは従来の不況、第一次世界大戦後の経験に従い、不況がそれ自体で回復の条件になると考えたからだ。賃金が十分に下がれば、労働者は雇用されるだろう。価格が十分に下がれば、消費者が買うだろう。それゆえ連銀は、通常の金融政策に戻って高めの金利を維持し、緊縮策を速めた。

アメリカだけでなく、発展した諸国のほとんどすべてが不況になった。アメリカもイギリスも、回復のための国際的指導力を発揮しなかった。イギリスのラムゼイ・マクドナルド首相は、自由貿易、財政均衡、金本位制を守ると約束していた。しかし、工業は崩壊し、労働者たちは失業していった。政府は何の対策も示せなかった。他方、アメリカは内向きになった。一〇二八人のエコノミストたちが反対署名したにもかかわらず、一九三〇年にスムート＝ホーリー関税法**が成立した。[Frieden (2006) p. 177]

●金本位制の支配

こうした旧い解決策の間違いについて、ジェフリー・フリーデンの説明は明快である。ケインズが予想したように、物価と賃金の弾力性が低下したため、第一次世界大戦後の経済は、以前と同じようには、不況に反応しなくなっていた。寡占的な企業群は、価格を維持するために生産を減らした。労働組合は高い賃金を維持して、失業者たちが就労する機会を犠牲にした。市場支配力を持つ企業と組合は、より少なく生産し、より高く売ることができたが、機械と労働力の遊休資源を放置した。「労働者の四分の一が仕事を求めているのに、多くの産業で賃金は高く、上昇していた」。[Frieden (2006) p. 180]

物価の下落（デフレーション）は、債務による不況の悪循環をもたらし、不況をさらに悪化させた。債務を返済するために、消費や投資を減らしたのだ。そして、金本位制がデフレを国際的に波及させるメ

＊　一次産品とは、加工されていない農林水産物・鉱産物のこと。その価格は国際市場で決まり、短期的な激しい変動と、世界需要の停滞する不況期に、工業製品に対する相対価格の下落が起きた。

＊＊　二万品目以上の輸入品に関するアメリカの関税を記録的な高さに引き上げた。多くの国はアメリカの商品に高い関税率をかけて報復し、アメリカの輸出入は半分以下に落ち込んだ。

カニズムになった。政府がデフレを止め、価格を引き上げ、支出を増やす政策は、金本位制によって禁じられていた。紙幣を増刷すれば、それは金に交換されてしまう。低金利は、金の流出を招き、金本位制が維持できなくなった。政府が支出を増やすことを、だれも融資できなかった。「金 Gold が支配した」。[Frieden (2006) p. 182]

たとえばベルギーで、ほんのわずかでも金利が低下するという予想があれば、投資家は資本を引き揚げ、より安全な場所に移した。こうした資本流出は、金融市場の不安を自己実現的な危機にした。金利は上昇し、デフォルトが増え、銀行の破綻が続いた。政府は、「ホットマネー」による短期的な投機によって包囲されていた。銀行システムが弱い国は、特に、通貨と金融市場の緊張に耐えられなかった。

●帝国解体と銀行破綻

一九三〇年代の大不況にも「リーマン・ショック」があった。旧帝国の解体、国際政治における大国間の争いが、金融市場のパニックと結びついたのである。

一九三一年五月、オーストリア最大の銀行、クレディットアンシュタルトが倒産した。それは、キンドルバーガーによれば、独仏英間の政治的緊張が高まる中で、イングランド銀行の国際的な「最後の貸し手」が限界を示したケースであった。[キンドルバーガーほか (2014) 二九一頁；キンドルバーガー (2009)

一五三―一五七頁：Frieden (2006) pp. 183-184]

第一次世界大戦でオーストリア＝ハンガリー帝国は敗北し、その領土は分割された。単一の広い自由貿易圏であった帝国が、いくつかの国家に分裂し、独自の通貨と関税を持った。ウィーンとブダペストを中心とした鉄道網が、各国の首都を中心に作り変えられ、自国の産業を優先する保護政策は、従来の原料供給地や労働者に遊休状態を強いた［ルイス（1969）一三三頁］。オーストリア経済は混乱状態で、国際連盟の監視下にあった。かつて帝国全体に融資していたウィーンの諸銀行は、ズデーテンラント、トリエステのような有利な営業先を失い、産業資本は戦後インフレによって、また、金融資本は一九二四年のフランス・フランに対する売り投機の失敗で、消耗していた。

オーストリア経済はなかなか回復せず、弱体化した銀行システムは、英米系金融機関からの短期信用に依存するようになった。銀行は短期で産業に信用を供与し、それが長期融資になって返済されなくなると、株式に転換した。クレディットアンシュタルトがもう一つの巨大銀行を合併したとき、オーストリア産業の約六〇％を所有していた。合併後の累積損失額が大きいことから、オーストリア政府、オーストリア国立銀行、ロスチャイルド商会が支援したが、その支援策が発表されると同時に、取り付けが始まった。

●政治的な危機

取り付けの背景には、オーストリア政府がドイツとの間で進めていた関税同盟を、フランスの指導的な政治家たちがヴェルサイユ条約に違反すると非難したことがあった。

緊縮策でも高金利でもパニックを抑えることはできず、通貨価値の切下げと銀行の破綻を恐れる投資家の反応が悪循環を成した。オーストリア政府は取り付けに対処する外国為替の支援を国際連盟の金融委員会に求めた。委員会は問題の扱いを国際決済銀行（ＢＩＳ）に付託した。

ＢＩＳの指導でまとまった一億シリングの最初の借款が使い尽くされ、オーストリア国立銀行はさらなる信用供与を求めた。フランスは独墺関税同盟の放棄を融資の条件としたが、オーストリア政府はこれを拒んで倒れ、新政府が誕生した。その間、イングランド銀行は、一週間期限で五〇〇〇万シリング（七〇〇万ポンド）を単独で供与した。これは危機の回避策ではなく、政治と金融を混同するフランスへの非難であった。フランス銀行はこれによって敵意を強め、ポンドから金への交換を増やした。通貨と銀行に対する圧力は、ドイツ、イギリスにも波及した。こうしてイギリスは国際的な「最後の貸し手」でなくなった。

第二節　ブレトンウッズ体制とその解体

●ブレトンウッズ会議

大恐慌を経て、第二次世界大戦後の金融危機に対する政策や制度の考え方が変わった。第二次世界大戦がもたらした大規模な破壊が、世界の金融システムを全面的に改革する機会になった。

一九四四年のブレトンウッズ会議で、国際通貨基金（ＩＭＦ）と世界銀行が創設された。それはドルと金を基盤とする事実上の固定為替相場制度であった。ドルが世界の基軸通貨*になり、金との交換を保証した。金融は安定性を維持し、世界貿易が増大し続けた。それはアメリカの経済力と軍事力が大きな優位を示し、銀行の取り付けを抑える預金保険、商業銀行と投資銀行の分離、国際的な資本取引規制があったからだ。金融は厳しく規制され、戦間期のような通貨価値の激しい変動が抑えられた。

●資本主義の改革

ブレトンウッズ体制は、国内の社会改革、貿易自由化、国際協調の三つを両立させる体制として政治

＊　為替や国際金融取引で基準として使用されている特定国の通貨。現在はドル。貿易、金融取引、各国の外貨準備でドル建てが最も多い。通貨価値への信認と利便性などで他に勝る通貨。

的に支持された。

工業化した資本主義諸国は、国際金本位制による金融市場統合がもたらした大恐慌の結果に対して、異なる資本主義モデルを試みた。すなわち、社会民主主義、あるいは、国際協調体制と福祉国家が両立するモデルであった。[Frieden (2006) p. 230]

特に、スウェーデンとアメリカで、ケインズ主義とは独立に、新しい社会・経済秩序が誕生した。スウェーデン政府は、労働者と農民の連立政権として、第一に、マクロ経済の安定化と需要管理、第二に、社会保障と労働者の権利を改善することに責任を持った。またアメリカでは、フランクリン・D・ルーズベルトが金本位制の支配から離脱し、根本的な政策転換に踏み出した。

●スウェーデンの社会民主労働党

スウェーデン社会民主労働党は、一九二〇年代、三五％以上の支持を得て政権に加わったが、一九三二年の選挙で四二％の支持を獲得し、議会下院の過半数に近づいた。彼らは農民党と組んで政権を執り、一九三六年の選挙ではさらに支持を伸ばした [Frieden (2006) p. 230-233]。すでに一九三一年、保守党政権が金本位制から離脱し、通貨価値を切り下げていた。政府は金融政策を積極的に使って物価が下落するのを避け、経済の安定性を維持すると明確に約束した。

さらにスウェーデン政府は、当時のエコノミストたちの支配的な考えに反して、財政赤字を出しても積極的に失業対策を行った。二五％に達する失業率に直面して、物価下落を阻止するだけでなく、政府には雇用の回復が求められたのだ。一九三三－三五年には、ＧＤＰの二％～三％の赤字を出した。

スウェーデン社会民主主義の第二の柱は、社会保険制度の導入であった。一九三四年に失業保険を採用し、数年後、強制加入の国民皆保険を医療サービスに導入した。妊娠・出産支援、幼児・児童の育児支援、学校給食制度、老齢年金、住宅補助、低所得者支援が制度化された。福祉国家の構築を通じて、社会に対する市場経済のマイナスの影響を緩和する、という約束を社会民主労働党は守った。

●労働者と農民の政治的同盟

政治的な意味で重要な変化は、地方に及ぼす市場経済のマイナスの影響や貧困問題を緩和する、という姿勢が、労働者と農民との伝統的な対立を解消したことだ。

かつて労働組合は自由貿易を支持し、農民の保護貿易の要求と対立していた。労働者は安価な食糧を求め、農場は安価な労働力を求めたからだ。しかし厳しい不況において、彼らは農業保護と労働者の権利、雇用回復を認め合った。労働者たちが、農業労働者や小規模農家の生活水準を十分に維持するため、国際価格より高い農産物を購入することを受け入れたのだ。それが社会民主主義と福祉国家を長期的に確立した。

同様に、社会民主主義は政治のシステムを変えた。社会民主労働党政権の下で、この政治経済モデルが一時的なすぐに終わる変化ではない、また、政治権力を代表する議会は、民間企業にとって良好な環境を維持する必要がある、ということが同時に理解された。政府と労働組合、ビジネス界が参加した一九三八年の労働市場に関する合意（Saltsjobaden accord）により、全国規模で集権化された、労使関係を管理する交渉方式が確立された。*

●アメリカのニューディール政策

アメリカでも、フランクリン・D・ルーズベルトが、一九三二年の大統領選挙においてフーバーの経済政策を批判していた。

大統領となったルーズベルトは、財政均衡主義や金本位制を否定した。そして農産物価格を引き上げるためにドルの価値を切り下げ、政府支出を駆使して緊急の経済回復策を実施した。また工業製品の価格を規制し、農業に補助金を与え、大規模な公共工事で失業者を雇用した。それは多くの点でファシズムの政策と共通していた。

旧勢力の反対は続き、主要政策のいくつかに最高裁が違憲判決を出した。その後、ニューディール政策は、雇用創出プログラム、社会保険、労働者の権利に焦点を当てた。一九三五年三月に議会が承認した予算は、失業対策を含む、平和時においては異例の大規模なものであった。公共事業促進局ＷＰＡ（Works Progress Administration）は、さまざまな公共事業によって雇用を生み出した。六五万マイルの道路、八〇〇か所の飛行場、さらに何万もの公共施設、公園、橋などを建設して、およそ九〇〇万人を雇用した[Frieden (2006) p. 234]。最初の全国規模の社会保険である社会保障法も成立した。

アメリカでも、スウェーデンと同じように、労働者と農民との政治的連携が成立した。アメリカの農民は、スウェーデンとは逆に、工業部門の保護貿易要求に反対してきた。しかしニューディールでは、都市の労働者と、従来は共和党を支持してきた中西部の農民とが連携し、民主党を支持した。政府は、農民の債務救済、農産物の買い上げと価格維持に多額の支出を行った。推定で二〇万戸の農家が農地の差し押さえを免れた。

アメリカでも、労働者は政治システムに重要な役割を果たすようになった。一九三五年の全国労働関係法が、組合の結成手続きを定め、雇用主が組合と交渉するよう求めた。労働運動はニューディール連合の一部であり、ビジネス界もそれを受け入れた。

●ブレトンウッズ体制と資本規制

工業諸国が社会民主主義を確立する過程が、国際協調の回復過程でもあった理由は三つある。第一に、先進諸国の労働者、社会民主主義政権は、自由貿易を支持していた。都市の労働者は安価な輸入食糧と

＊ ションフィールド（1968）によれば、スウェーデン政府は、積極的労働力政策で労働力の供給を、また国民的投資政策により労働力の需要を管理して、他国を超える完全雇用への意欲的な取り組みを行った。

その他の消費財を確保したいと考えたからだ。第二に、社会民主主義の支持基盤は、先進的技術を取り入れた高い国際競争力を持つ部門だった。彼らにとって保護主義は悪夢であった。第三に、ファシズムの自給体制に対抗して、自由主義諸国は国際的に協力する必要があった。

第二次世界大戦が続く中で、一九四〇年から始まったJ・M・ケインズとハリー・デクスター・ホワイトを代表とする英米の交渉チームが、戦後通貨秩序の合意案をまとめた。一九四四年のブレトンウッズ会議では、国際通貨基金（IMF）と国際復興開発銀行（世界銀行）が創設された。このブレトンウッズ体制は、金一オンス＝三五ドルで金とドルを固定し、交換することを保証した。ケインズの原案からは離れるものの、そのアイデアを取り入れ、金融危機とデフレ調整を回避する仕組みとなった。

ブレトンウッズ協定は、明確に、国際的な資本取引を各国が規制することを認めた。「バンコール*」ではなく、ドルによる国際取引となったが、為替レートの調整は可能であったし、黒字国通貨に対する「稀少通貨条項**」があった。それゆえ赤字国が、対外不均衡の調整策として、デフレ策を強いられることはなかった。各国は完全雇用を実現するために政策を自律的に決定できた。

アメリカは、戦後、圧倒的な黒字国であり、多くの金準備を保有していた。他国の戦後復興や貿易自由化によるドル不足に対して、冷戦による軍事援助や米軍の駐留、多国籍企業による直接投資がドルを供給した。赤字国は外国為替を管理し、資本取引を規制することにより、短期の国際資本移動が金融危機を生じる危険は抑えられていた。

●変動レート制と資本自由化

金本位制と同じデフレ的効果を回避したのは、アメリカの拡大的なインフレ政策とドル供給であった。しかしそれはブレトンウッズ体制に信認の問題***を生じた。ベトナム戦争の拡大と福祉の充実は一層の財政赤字とインフレにつながった。国際収支赤字と対外債務の増大、金の流出が続く中、ＩＭＦ協定で合意したドルを金に交換する義務を守れるのか、という不安が強まった。

リチャード・ニクソン大統領は金利引き上げを拒んだ。それは彼の最大の関心である再選を、むつかしくする政策だったからだ。一九七一年八月一五日、アメリカは金とドルの交換を停止し、同時に、賃金と物価の九〇日間の凍結、黒字諸国に通貨切上げを求める一〇％の輸入課徴金を導入した。ドイツや日本は通貨価値を切り上げたが、それでも通貨市場の不安は解消せず、主要通貨は変動レート制を採用した。

＊　ケインズが提案した国際清算同盟案で加盟国間の貸借と決済を行う通貨単位。加盟国間の不均衡が拡大すると、為替レートの変更（切上げ・切下げ）や金利の支払いを、赤字国だけでなく黒字国にも求めた。それでも限度額を超える黒字国は超過分を没収され、赤字国は同盟国から追放される。

＊＊　ＩＭＦ協定の第七条による。国際取引で支障をきたすほどの特定通貨の不足について、ＩＭＦが希少通貨と宣言できる。その場合、この通貨を発行する加盟国に対して為替制限が許される。

＊＊＊　アメリカの対外債務残高が金保有額を超えると予想されたときから、金との交換に不安が生じた。金交換停止後も、ドルの価値やドル建金融資産の価格が下落するとき、不安が生じた。

為替レートの安定化という制約を離れた各国は、拡大的なマクロ政策を採れるようになった。しかしそれは、一九七三年、第四次中東戦争を契機とした第一次石油危機、一九七九年、イラン革命を契機とした第二次石油危機と重なって、工業諸国でインフレの高進と不況を招いた。そのことがケインズ主義的な需要管理政策に基づく政治経済モデルに対する信頼を損ない、英米におけるマネタリズムの台頭、サッチャーとレーガンによる保守革命が成功する背景になった。

アメリカ政府は、一九八〇年代初めには明確に、自国の財政赤字削減や交渉による為替レートの調整ではなく、変動レート制と資本自由化を主張するようになった。すなわち、国際政策協調のルールより、一方的なドル安による競争力の回復と、国際通貨ドルによる金融市場のグローバルな支配を、自国の優位として利用する道を選んだ。アメリカの財政赤字・対外赤字を、日本や産油諸国など、経常収支黒字国が財務省証券の購入で負担する、というドル中心の国際通貨・金融システムが強化された。

●グローバルな金融市場

世界金融危機に至る最初の転機は、アメリカで一九七〇年代から始まった金融の規制緩和と、ロンドンで形成されたユーロ・ダラー市場であった。一九八〇年代には、イギリスの「ビッグバン*」のあと、主要各国の金融自由化が競争的に進み、日本は一九八四年の「日米円・ドル委員会」で円の国際化も含む資本自由化が合意された。主要諸国の資本規制は急速に廃止され、民間の資本移動が復活していった。

為替レートの変動、インフレの高進、財政赤字、債券市場の拡大、国際収支不均衡、金融の規制緩和、グローバルな金融市場統合が起きた。これらは一九八〇年代に支配的になり、国際金融や世界経済の在り方を変えた。たとえば、A・ハミルトンはその相互の関連を描いていた。［ハミルトン（1987）三一四頁］

一九七〇年代にインフレ傾向が強まったため、融資を行う金融機関は、融資のコストを調整する新しい方法を模索せざるを得なくなった。アメリカの貯蓄金融機関や銀行は、変動金利型の抵当証券を扱うようになった。投資家は余剰資金をMMF**に投入した。起債や投資をする企業は、ユーロ債市場に変動利付き債（FRN）を持ち込んだ。アメリカの銀行や貯蓄金融機関、イギリスの住宅金融共済組合、日本の貯蓄金融機関は当然のことながら、金利規制と、金融機関の垣根の撤廃を要求し始めた。

規制緩和は、政府の気まぐれや金融機関の貪欲のせいで進んだわけはない。市場で起こったことが連動して、消費者もその変化を望んだから広まった。ただし、だれもその長期の影響を全体として正しく

---

* 一九八六年一〇月、サッチャー政権によるイギリス証券取引所の大改革。宇宙の起源であるビッグバン（大爆発）にたとえた。売買手数料の自由化、独立した仲買人の廃止、証券取引所会員の開放など。

** マネー・マネージメント・ファンド。国債など国内外の公社債や譲渡性預金（CD）、コマーシャル・ペーパーなどの短期金融資産に投資する投資信託。一円単位で購入でき、金利で劣る銀行預金に代わる。

理解してはいなかった。

一度為替レートがフロートすると、市場はスワップ取引や先物取引のようなリスクを減らす方法を取らざるを得なくなった。特に、一九八〇年代初頭から半ばにかけて、インフレ率が再び低下し始めると、その必要が一層強まった。年金ファンドや保険会社が急速に進出して、貯蓄部門が支配的な力を持つようになり、金融市場における投資家、融資を受ける企業、仲介業者間の力関係に変化が起こった。

テクノロジーが発達して、民間資本の移動が活発になると、異なるインフレ率の国が統合された世界では、もはや為替レートの安定性も、規制された金利や長期の融資と短期的投機の区別も、維持できないものになった。同時に、急速に拡大する新しい産業群と、自動車やパソコン、その他の消費財をめぐる国際競争激化に応じ多国籍化する企業は、その成長に融資する世界規模の金融システムを必要とした。

第三節　世界金融危機をもたらした貪欲

●高金利政策から「大いなる安定」へ

一九七九年、アメリカ連銀議長になったポール・ボルカーは、マネタリスト的な通貨供給量の抑制によって二〇％に及ぶ高金利をもたらし、二度の景気後退を経て、インフレを鎮静化した。それは他面で、中南米の債務危機を誘発した。

石油価格の高騰で貿易収支が大幅な赤字となった国へ、産油諸国の巨額の黒字が欧米の銀行を通じた低利のドル建ローンとして融資されていた。また、低利の融資を利用してさまざまな開発プロジェクトを進めた国もあった。ボルカーによる高金利は、変動金利型ローンの金利を上昇させ、同時に、ドル高とその国の通貨価値が下落したことも加わり、政府債務を返済不能にした。

その後も、周辺諸国では大きな危機や深刻な不況が起きたが、アメリカをはじめ、先進諸国ではインフレ率が低下し、安定した成長の時代になった。成長が続いてもインフレ率は高まらず、金融引き締めによる金融市場の崩壊を強いられることがなくなったからだ。それは「大いなる安定」とよばれた。

いくつかの説明がなされた。たとえば、金融の規制緩和と自由化、金融技術革新で、経済システムの柔軟性と適応力が高まった。貿易の自由化、グローバリゼーション、特に、中国など新興諸国の参加で、財の生産コストが低下し、成長してもインフレが抑えられた。あるいは、労働組合の力が失われて、賃金上昇率が生産性上昇率を超えることはなくなった。［ルービニほか（2010）四〇頁］

当時のアメリカ連銀議長ベン・バーナンキは、「大いなる安定」を優れた金融政策の成果である、と説明した。しかも、彼は日本のケースを特別視し、日本の特異さと政策の失敗にわざわざ言及した。［Bernanke（2004）］

世界金融危機に至る低金利の長期化、バブルの放置は、改善された金融市場と金融政策に対するグリーンスパンやバーナンキの楽観論と結びついていた。

●世界金融危機の予兆

しかし、実際には、ノルウェー、フィンランド、スウェーデンで銀行システムが崩壊していた。アメリカでも、一九八〇年代後半から九〇年代初めに、貯蓄金融機関（S＆L）が不動産バブルの崩壊で、金融システムに深刻な打撃を与えた。一〇〇〇以上の機関が破綻し、財政負担を強いた。一九九四年のメキシコ・ペソ危機は、投機ブームと突然の資本流出という新興諸国の「資本収支危機」の始まりだった。

一九九〇年代の新興国で金融崩壊が起きた際にみられた危機の症状は、アメリカにも現れ始めていた［ルービニほか（2010）四四頁］。金融市場のバブルとその破裂の影響を吸収するため、そのたびごとに、アメリカ連銀は金融緩和で積極的に対応した。金融当局の規制と監督も緩み、それがアメリカから他の多くの国にも広まっていた。

アメリカの政策担当者や投資家は、外国の危機をそれほど長くは意識せず、「大いなる安定」という見方は揺るがなかった。

●「貪欲」の讃美

ついに自由化の進んだアメリカ市場から世界金融危機が起きた。それはなぜか。

金融技術の革新、貪欲、インセンティブ、これらを結ぶ新しい構造があった。「過去二〇年に、銀行幹部とトレーダーの報酬のうち、短期的な利益に連動するボーナスの比率が高まっている。このため、過剰なリスクを取り、投資のレバレッジを高め、驚くほど無謀な投資戦略に銀行全体を賭けるインセンティブを与えているのである」〔ルービニほか（2010）四七頁〕。巨大な投資銀行が、好きなだけレバレッジを高めて、リスクの高い、非対称的な（すなわち、成功して利益が出れば自分たちのもの、失敗して不利益を出せば公的に救済され、国民が支払う形の）賭けを行っていた。

金融危機の渦中において、ウォール街に近いニューヨーク大学のスターン経営大学院で特別講義が行われた。有志のスタッフが自由科目として開講し、学生たちが集まった。ここでも、銀行が自分の利益のためにギャンブルに走る、というモラルハザード*が起きていることが説明された。トレーダーたちの報酬の在り方、インセンティブが間違っている。同様に、金融機関は最終的に政府によって救済されるという、明示的、あるいは、暗黙の政府保証があったことは銀行の行動をゆがめた。

公的機関のトップや経済学者たちは、金融イノベーションを積極的に奨励し続けた。そうした姿勢が、

＊　危機に対する補償が危機回避を妨げてしまう状況。規律や倫理の欠如。公的資金注入や預金保険などが、金融機関の経営者、株主、預金者らに、リスクの軽視、自己規律の喪失をもたらした。

後に金融危機を生じる「有毒資産」を広め、異様に複雑な証券化につながった。その過程で、個人と社会の利益は一致しなくなった。

銀行などの金融機関はローンを組成して保有し続けるのではなく、申請者の信用度がどうであれローンを組成して、ウォール街の投資銀行に売却するようになった。投資銀行はモーゲージ・ローン、自動車ローン、学生ローン、クレジット・カード・ローンなどを集めて複雑怪奇な証券化商品を組成し、当初のローンのリスクを評価することなどできない世界各地の無知な投資家に売却したのである。証券化がこの動きの核心であり、銀行などのウォール街の金融機関は愚かな投資家にリスクを移転して、多額の手数料を稼いだ。［ルービニほか（2010）四九頁］

●クレジット・デフォルト・スワップ

スキデルスキーは、「貪欲」を責める議論は間違いだ、と考える。銀行経営幹部は、自分たちが理解していない「リスク管理」モデルに従っていた。彼らは「正しい行動」であると信じていた。それ以外の行動は、「株主価値の最大化」ができていないと非難されただろう。

彼らは「レーガン＝サッチャー時代全体に対する怒り」のスケープゴートである。「金融を賛美し、製造業を侮辱し、進歩の成果のうち圧倒的な部分を金持ちと大金持ちが獲得できるようにしたのがこの

時代の特徴なのである」と、スキデルスキーは指摘する。［スキデルスキー（2010）五三頁］

クレジット・デフォルト・スワップ（CDS）が、金融システムを破壊したデリバティブ（金融派生商品）としてよく取り上げられる。CDSは、債務者が債務不履行（デフォルト）になるリスクに対して保険を買う契約である。しかし、保険の場合と違い、CDSの買い手は、その対象になる資産を保有している必要がない。こうして一種の「賭け」の対象になっている債券の発行体がデフォルトになれば、彼らは契約に従って保険金を得られる。つまり、デフォルトが発生するように行動する動機がある。

このようなCDSの想定元本総額（保険対象資産の総額）が六〇兆ドルに達した。二〇〇八年のアメリカ経済のGDPが約一四・七兆ドルであったから、その約四倍、あるいは、世界GDPの五〇兆ドルより多かった。*

社会に対するダメージを金融ビジネスが内部化し、負担する仕組みが必要だ。利益と負担の対称性を、銀行もトレーダーたちも、明確に意識する。短期ではなく、長期の社会的コストを制度的に反映する。改革しなければ、エリート層に対する信認が失われる、とウルフは警告していた。［ウルフ（2015）四四三頁］

政治への影響はすぐには現れないかもしれない。しかし、必ず現れる。

＊　本山（2009）第4講；スキデルスキー（2010）二六頁；ルービニ（2010）四七、二七二－二八〇頁；スティグリッツ（2010）二四〇頁；ドーア（2011）一七、一九－二三頁。

●合理的期待仮説

銀行経営者や中央銀行より、経済学の考え方に問題があった。新古典派マクロ経済学の前提は、「経済学者ではない人間にとって、正気だとは思えない理論である」。[スキデルスキー(2010)六四頁]

その代表として、合理的期待仮説(RET)を、スキデルスキーは考察する。かつて、古典派経済学は賃金と価格が完全に弾力的で、失業が継続することはないと考えた。しかし、将来については無知であることから、調整することはむつかしく、時間がかかる。その場合、失業が続くので、政府による介入は正当化される。もし将来についても完全な情報を持つなら、調整に時間がかかることはなくなる。長期的にも、短期的にも、人びとが決めた望ましい状態から離れることはない。非自発的失業は存在せず、政府が経済状態を改善するために介入しても効果はない。

スキデルスキーによれば、こうした考え方には二つの前提がある。一つは、合理的な個人は、予想を形成する際、すべての情報を効率的に使う。また、もう一つの前提は、各人が予想に使うモデルは正しい、である。

その指導者の一人、ロバート・ルーカスは、こうしたモデルが虚構であることを強調していた。人びとの実際の行動を描くものではない。市場が完全に効率的であるための知識の条件を、抽象的に解くためのものだった。

しかし、金融危機に向かった集団ヒステリーは、この論理的な可能性の問題と、現実世界の正しい理解とを、区別しなかった。あるいは、スキデルスキーは、合理性と科学性を追求する啓蒙主義と、「群衆の英知」を信頼するアメリカ民主主義の性格とが組み合わさったと解釈する。経済学という「胎内」で育ってきたものに、「数学の魔術」が加わって、完全な生命を持つにいたったモンスターである。「市場」は、数千万人、数億人もの判断を代表する、政府よりも豊富で優れた知識を持っている。

●真の課題

グローバルな金融市場は三つの課題に応えるべきだった〔スティグリッツ（2010）一二〇頁〕。第一に、グローバルな完全雇用の実現。そのためには総需要を回復させる必要があった。第二に、無謀なリスクテイクではなく、生産的な投資を促す。第三に、技術変化と比較優位*の変化に応じて、アメリカと世界の経済を再編成することだ。

バブルと債務に頼る成長や雇用のグローバルなパターンは、金融市場がそれらに失敗したことを示していた。低金利で金余りの規制のゆるい市場、地球規模の不動産バブル、サブプライムローンの激増が、

＊ 国際間で各産業の生産性（もしくは労働コスト）を比較するとき、全体として生産性の低い国は、国内で高い生産性を示す産業で比較優位を持ち、輸出することができる。逆に、全体として生産性の高い国は、その国の中で相対的に生産性がそれほど高くない部門で、比較優位を持たないため、輸入が増える。比較優位のパターンは、ある国で一つの部門の生産性が変化すると、世界同時に、すべてが変化する。

金融市場を危機に向かわせた。しかも、アメリカは財政赤字と対外赤字を拡大し、それに応じたのは中国などのドル準備であった。世界経済の成長は不均衡を拡大し続けていた。

金融を中心にしたグローバリゼーションが、ＩＴの普及や新興経済の台頭を助けたが、同時に構造的な破壊力を高めていた。それは政治や社会に大きな痛みを生じて初めて明らかになる。

第四節　金融グローバリゼーションの改革

●不均衡と国際資本移動

二〇〇〇年代の初め、世界経済には大きな特徴が四つあった［ウルフ（2015）四六頁］。㈠国際収支に著しい不均衡が現れた。グローバル・インバランスである。㈡アメリカなど、高所得国で住宅価格が高騰し、着工件数が伸びた。㈢自由化された金融セクターの規模と収益が急速に拡大した。㈣アメリカ、イギリス、スペインなど、多くの高所得国で、民間部門の債務が膨張した。

これら四つは、構造的な変化を介して、相互に結びついていた。

不均衡は、為替レートによって調整されるか、融資によって維持された。為替レートによる調整とは、赤字国の通貨が安くなり、黒字国の通貨が強くなることで、貿易や投資のパターンが変化することを意味する。あるいは、黒字国の成長加速、ときには土地や資産市場でバブルが起き、赤字国が不況になることも不均衡を縮小する。しかし、金融市場がグローバルに統合化したことで、国際収支不均衡は民間資本の国際的な移動で満たせるようになった。

情報通信・輸送の革命がグローバル・サプライ・チェーンを築き、旧ソ連圏、中国、インドの労働者が世界市場向けの生産に参加してきた。発展途上諸国は保護貿易よりも市場を開放することで、多国籍企業の直接投資を誘致し、以前よりも急速に工業力の国際移転を進めることができた。中国の高成長はその良い例であった。

先進諸国では富裕化、少子化・高齢化、労働力人口の減少が始まった。投資機会は少なく、生産性の伸びも限られる。グローバルな金融市場は、一方で退職後の暮らしを支える年金のために貯蓄する人から資金を集め、他方で、インフラの整備や工業化のために長期投資することを可能にする。技術革新が普及する過程では、急速なキャッチアップの機会が新興市場に豊富にあった。

富裕な老齢国家の貯蓄と、急速に成長する新興経済の投資とをつなぐなら、それは望ましいことである。グローバル・インバランスを恐れる理由はない。

しかし、新興経済の「過剰貯蓄」が不均衡の原因であった。資本の流れはその逆であったのだ。二〇〇四年には(日本を除いて)「大いなる安定」を称賛したアメリカ連銀のベン・バーナンキ議長が、二〇〇五年に「過剰貯蓄」を指摘し、中国などの為替レートが固定的で、外貨準備を累積させることが不均衡拡大の原因だと主張した。

富裕国の異常な低金利とそれが促したバブルは、国際収支の不均衡拡大とつながっていた。新興経済の成長減速や政治・金融不安は、この関係を破壊するだろう。また、富裕国の過剰な債務による消費、そして、製造業の消滅は、将来の返済をむつかしくする。生産的な投資ではなく、住宅や株価のバブルをもっぱら刺激するなら、世界規模の金融危機や不況に至るかもしれない。

バーナンキは、低金利がアメリカではなく、アジアで決まっていることを警戒した。

●再建ブレトンウッズ体制

国際収支の不均衡が構造的なものであり、長期かつ安定的に持続するだろう、とみなす者は、これを「再建ブレトンウッズ体制」と呼んだ。［アイケングリーン（2010）：ウルフ（2015）一九九頁など］

一九七一年に、金とドルの交換がアメリカによって拒否される以前、一九六〇年のドル危機から、ブレトンウッズ体制には問題が生じていた。アメリカの金準備が減少し、一九六〇年代後半に、貿易黒字も急速に減少していた。アメリカの対外赤字を減らすため、他の主要国がアメリカより高いインフレ率、もしくは、ドルに対する切上げを求められた。当時の西ドイツはインフレを嫌いながら、日本は円高で輸出が困難になることを恐れて、不均衡を調整するより外国為替市場でドルを買い続けた。

同じことが、二〇〇〇年頃から再現しているように見えた。すなわち、新興アジア諸国が、自国通貨を過小評価した水準に維持し、輸出を伸ばして成長と雇用を高めた。そのためには、貿易黒字が増えても自国通貨が強くならないように、外国為替市場に介入してドルを買う、すなわち、アメリカの財務省証券などを購入し続けた。

二つの意見があった。一つは楽観派で、新興経済のドル準備に対する需要にはアメリカがドルを供給すればよい、と考えた。安全な金融資産と安価な消費財との交換は幸せな均衡状態であり、永久に続けることができる。もう一つは悲観派で、ある時点になれば、新興市場のドル需要は満たされ、アメリカの経常収支赤字は融資されなくなって、ドルの価値が急落する、と考えた。［Eichengreen（2014）］

●ドルからの離脱

その後の一〇年が示すように、両方とも間違いであった。

中国は、安全な資産への需要を満たすにつれて、ドル資産がリスクの高い海外投資になった。貯蓄より消費へ、輸出より国内需要へ転換することで、中国は成長を維持し、均衡を回復し始めた。アメリカは金融危機により、債務やレバレッジに頼ることの危険を知った。債務への依存を減らし、貯蓄を増やすための改革や政策を採用した。支出のパターンが変化し、ドルは安くなり、より多く輸出するようになった。他方、人民元は次第に強くなり、それも中国人の消費（そして海外旅行）を増やした。

新興市場は、輸出超過が高成長を保証するわけではない、と学んだ。巨額の外貨準備だけでは安定性を意味しない。金融危機後は、ＩＭＦが金融機関のプルーデンス規制＊、不安定化する資本フローの管理、為替レートの調整を受け入れることなど、金融市場の改善で安定性を高めるよう求めている。

しかしドナルド・トランプは、その後も、アメリカに対して貿易黒字を出す国に激しく憤慨している。選挙戦で、トランプは散々中国を非難した。「われわれの職場を奪っている」。「何百億ドルも知的財産を盗んでいる」。「通貨を操作している」。二〇一六年五月には「われわれは中国がこの国をレイプし続けるのを許さない」と支持者たちにツイートした。

中国から見れば、問題は国際取引をドルに頼る「ドル本位制」である。トランプは貿易戦争に続けて、ドルを利用した経済戦争を始めた。これに対して、中国は人民元を国際化し、他の主要諸国、特に、ユーロ圏諸国とともに、ドルを国際通貨の独占から退位させることを相談するだろう。

●成長・開発モデル

ユーロ圏の中でも、黒字国が需要や雇用を奪う、赤字国は債務による浪費を続けている、という非難が相互に繰り返された。チャールズ・ウィプロスはこれを批判し、不均衡に関する基準を問う。

［Wyplosz（2017）］

対外不均衡が危機に至る、と警告された。しかし、世界金融危機の原因は金融機関が過度にリスクを取ったことであった。金融自由化と金融規制・監督の失敗が危機を生んだ。経常収支不均衡は、必ずしも、危機に連動していない。

確かに、ユーロ圏内の大幅な持続的赤字国が激しい危機に苦しみ、黒字国は危機を回避した。しかしオーストラリアは一九七五年以来、ずっとGDPの平均四％という大幅な赤字国であったが、危機や不況を経験しなかった。反対に、スイスの経常黒字は一九八一年以来、GDPの平均七・八％もあった。二〇一〇年には一四・九％というピークに達した。しかし世界金融危機はスイス経済に深刻なダメージを与えた。スイスの二大銀行が大きく傷ついたからだ。

一九世紀のアメリカは、巨額の持続的な赤字を出した。アメリカの人口増加と広大な面積を満たす投資を続けるには、外国からの借り入れが不可欠だった。その大部分の投資は非常に生産的であったから、外国の債権者を豊かにした。逆に、二〇〇〇年代のギリシャは非生産的な消費を続けるために借り入れた。

一般に、たとえ良い投資でも、対外借り入れの増加が続くことは市場変動に対する脆弱性を増す。しかし政策担当者たちは、兆候（対外不均衡）ではなく、その脆弱さの具体的原因に注目するべきだ。民間債務を適切に規制し、監視することが重要なのである。

発展途上諸国にとっては、実質為替レートを競争力のある、安定的な水準に維持する政策も重要だろ

＊ 金融機関の破綻防止や金融システムの安定化に向けた諸施策、信用秩序維持策。事前的措置として自己資本比率規制、金融機関の検査など。事後的措置として預金保険など。

う。為替レートを通じて市場が円滑に調整を進める、という変動レート制の神話に頼ることはできない。

トリレンマ#1

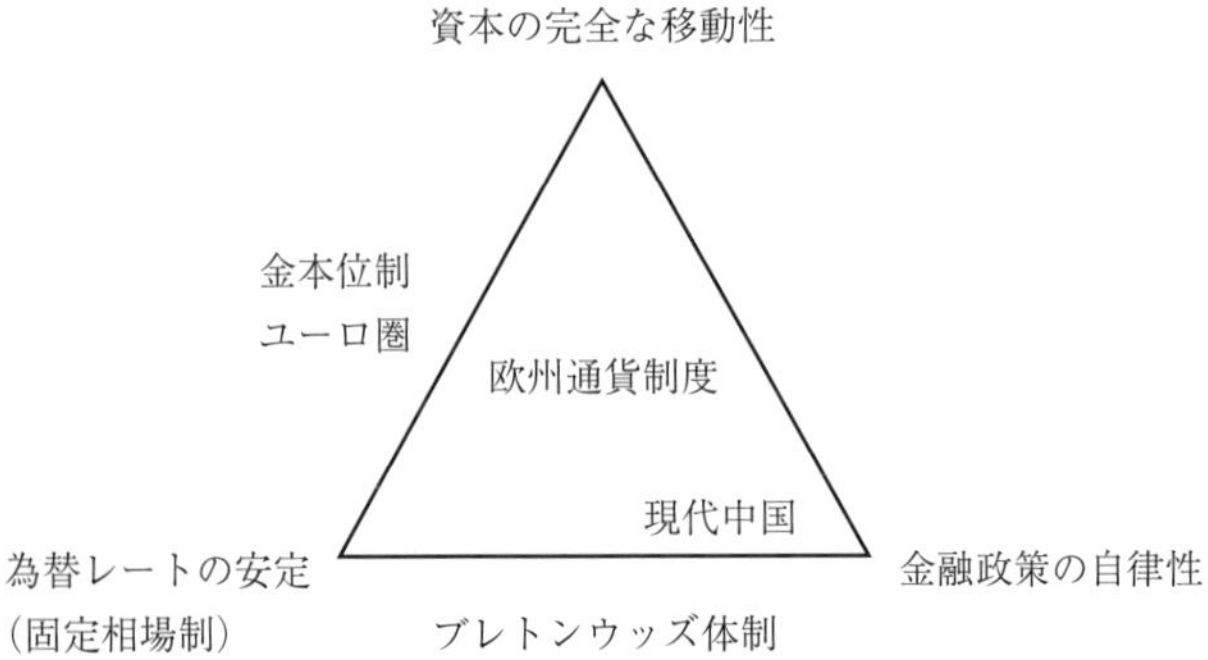

●金融危機とトリレンマ

金融危機とは、市場均衡に向かう圧力が経済的な構造変化を促す一方で、政治的な条件や制度的構造がそれを制約する歴史的瞬間もしくは局面である。マイケル・ボルドとハロルド・ジェイムズは、トリレンマとしてこの問題を考察した。

[Bordo *et al.* (2015)]

為替レートに関する古典的なトリレンマ#1がある。それは、国際資本移動が増えるとき、為替レートの安定(固定制)、資本の移動性、金融政策の自律性(独自の金利)は、同時に成立しないことを表している。

ユーロ圏のギリシャは、独自の金利・金融政策を放棄したが、金融危機を免れなかった。一八三〇年代のアメリカ、一九世紀後半のアルゼンチン、一九二〇年代の中欧、

トリレンマ#2

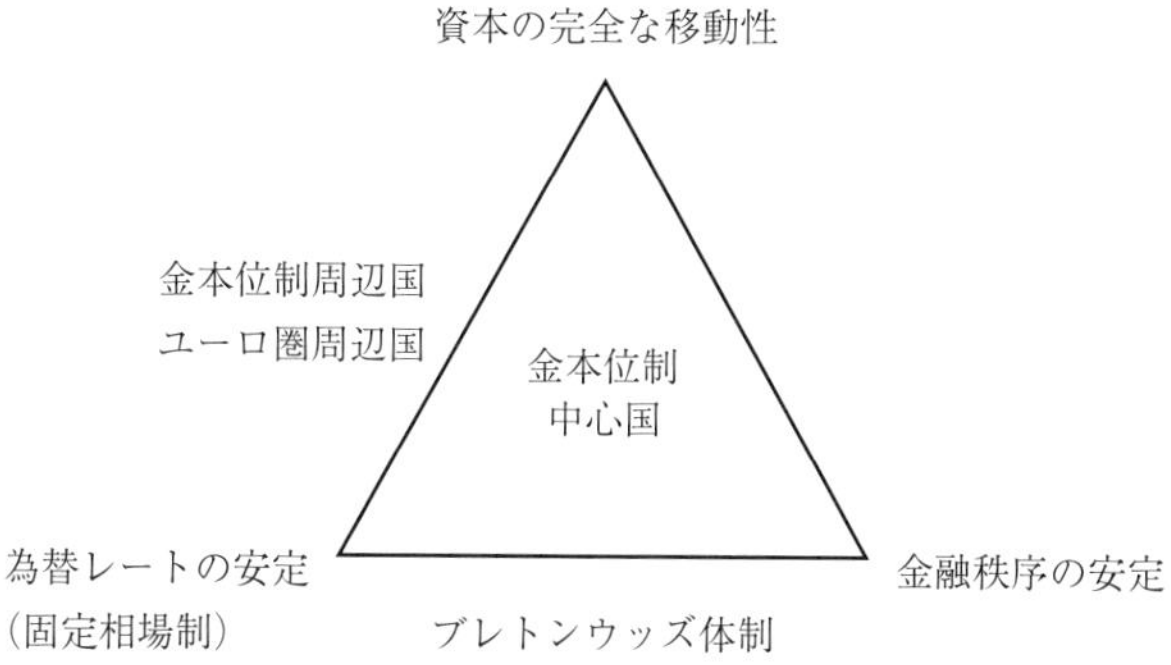

一九九〇年代のアジア諸国、二〇〇〇年から一〇年間の南欧もそうだ。

銀行システムが脆弱な諸国において、固定レートでも変動レートでも、大きな資本移動は金融秩序を破壊する。問題は、資本移動につながる政策や制度、政治の変化を正しく理解することである。それが金融安定性のトリレンマ#2である。

なぜ資本取引を自由化した国が、その後、金融危機に向かうのか。トリレンマ#3は政治経済のダイナミックな変化を考察する。

資本市場の開放はその国に利益をもたらす。しかし、民主主義国では、有権者の短期的な要求を満たす政府から金融政策決定を独立させることが求められた。独立した中央銀行が物価や為替レートの安定に責任を持つ。それが、国際資本にとって良好な投資環境を維持する保証になる。

ここで問題が生じる。不況において、また、国際環境の変化で資本が流出するとき、国際資本と共通の考え方を示す中

トリレンマ#3

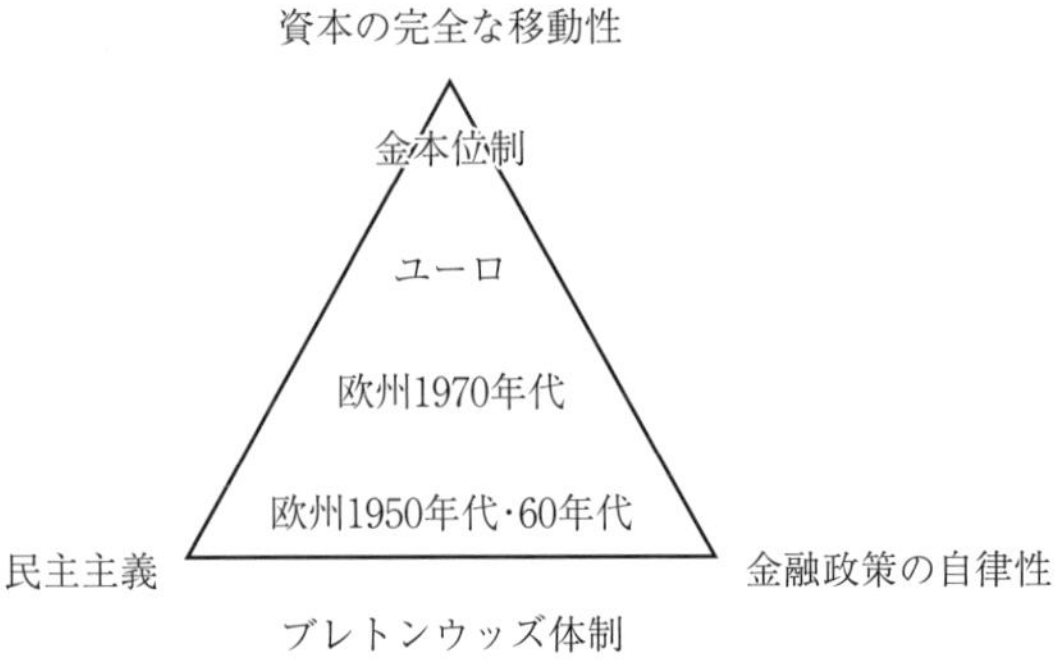

央銀行は、国家主権＝有権者による民主的な決定と対立する可能性が生じる。

●ポピュリズムと国家主権

高度なグローバリゼーションと民主主義は、国民国家の自律性と矛盾する。これがトリレンマ#3である。この問題は、発展途上国だけでなく、ユーロ危機、世界金融危機により、富裕な工業諸国についても主張された。［ロドリック（2014）］

資本流入、金融的な不均衡の拡大は、自国民に利益をもたらす意味で、政治的魅力がある。政府は、国際的に求められる改革を約束して資本流入を増やそうとする。資本移動の悪影響を主張する者は無視する。しかし、成長から転じて金融的緊張が生じると、資本市場を開放したコストは一気に高まり、諸政党はもはや政府を支持しなくなる。有権者も金融自由化を推進した政党を嫌い、反システムのポピュリスト政党を支持する。左派ポピュリストは、不当に大きな調整コスト

トリレンマ#4

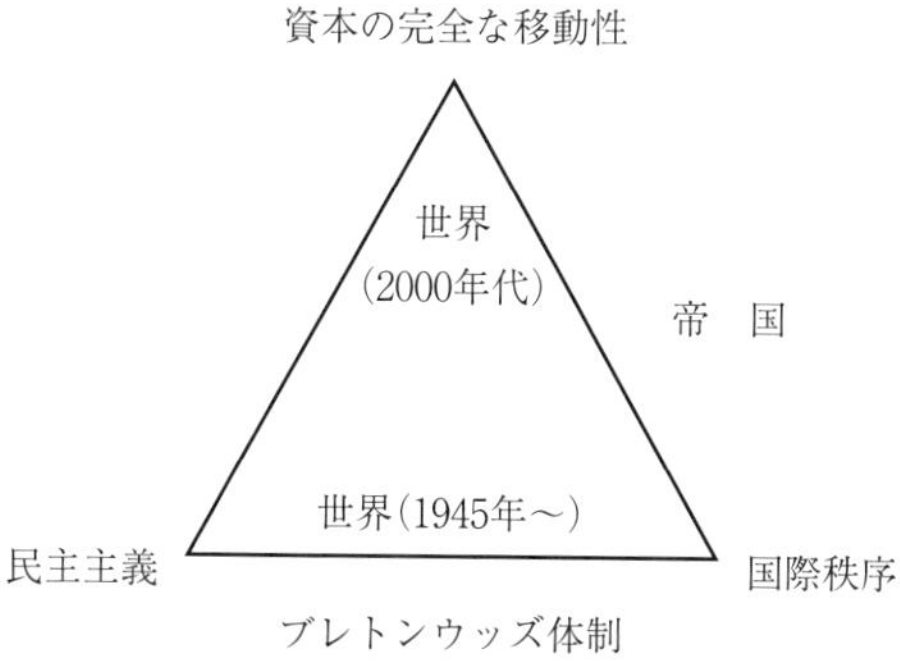

を貧困層に押しつけた、と支配層を攻撃する。右派ポピュリストは、調整策が外国の債権者の利益となり、国家の主権を否定している、と政府を攻撃する。

民主主義国では政治が主に二つの方法で行われる。立法化と資源の再分配である。しかし、資源が国際的に移動するようになれば、再分配はむつかしい。特に、資本は国際的に移動し、税率の高い国から逃げ出す。そして法律でさえ抜け穴を利用される。民主主義は、資本規制と主権の強化（回復）を要求するだろう。

●安全保障と国際秩序

安定した「国際秩序」も資本流入を増やす。赤字国が、金本位制や為替レートに関する合意（通貨同盟）に参加すること、さらに政治的な同盟・安全保障に関する合意は、黒字国の政府が融資を継続するように強い政治圧力を行使する保証になる。民主的であれ、非民主的であれ、危機に直面した場合、各国は強力な債権国との関係に頼ろうとする。

危機における国内の再分配をめぐる限界と対立は、国家を超える資源再分配におよぶ。「他者（外国）に支払わせろ！」というポピュリストたちの要求だ。同盟関係や緊密な政治同盟は、こうした不安定化をもたらす民主主義の動きを抑制するだろう。トリレンマ#4においては、「帝国」として示されている。

民主主義をより広い国際秩序の中で考察し、政策をめぐる偏狭なゼロサム思考の政治から抜け出すことが重要だ。同じ政策を志向する諸国と、大きな安全保障の枠組みを受け入れて、資本の移動性や安定化、バブルの抑制に関する合意を形成できる。トリレンマ#4は、安全保障、国際秩序の形成に向かうダイナミズムを示すものである。

●三つのR

経済史家のケヴィン・H・オルークにとって、グローバリゼーション、そして、ヨーロッパ統合が人びとを置き去りにした政治的帰結として、ブレグジットは長く予想されたことだった[O'Rourke（2017）]。

一九世紀後半のグローバリゼーションも勝者と敗者を生み、グローバリゼーションに対する反動を生んだ。当時は、貿易の主要な敗者がヨーロッパの地主であった。新世界から安価な土地、それゆえ穀物の弾力的供給に直面したのだ。ドイツ、フランス、イタリア、スウェーデンで、貿易自由化が数年間続いた後、地主と国内産業に有利な保護貿易に代わった。大西洋間では、移民が次第に規制されるようになった。貧しい諸国から来るヨーロッパの移民たちと競争するようになったことに、アメリカの労働者たちが反対したからだ。

現在のグローバリゼーションに対する政治も一〇〇年前とよく似ている。貧しい諸国との自由貿易は、安価な輸入品に対する低熟練労働者の反対を生み出し、イギリスやアメリカの選挙に衝撃を与えた。貿易や移民に関する政策は転換した。二〇〇五年、フランスにおける国民投票で、いわゆる欧州憲法条約が拒否された。反対派は、この条約が成立すれば、多くの工場が東欧諸国へ移転し、「ポーランド人の配管工」に職を奪われる、と訴えた。

戦間期の破滅を経験したことで、ヨーロッパは政治的な取引を行った。金融危機については「三つのR」として要約できる。すなわち、規制 regulation、再分配 redistribution、インフレ促進（リフレ）策 reflation である。

世界金融危機・ユーロ危機はこれを否定した。金融危機後のユーロ圏で、マクロ経済の不安定性やグローバリゼーションから最悪の影響を受けたのは、ギリシャやイタリアの庶民であった。

ブレグジットは、そのようなEUからの離脱を求め、市場と国家のバランスを回復する要求だった。EU全体が、市民のための政策を回復し、ショックを吸収する国家の役割を支持するべきだろう。EUには金融のほかに多くの社会的目標があった。

金融危機が波及するとき、世界流動性を供給する仕組みが必要だ。各国の中央銀行が、協力して流動性を供給するとあらかじめ合意しておく。それが、制度化されたグローバルな中央銀行間スワップ網*である。〔Truman（2013）〕

しかし政府は国際協調に過度の期待を示すべきではない。国際協力の歴史は失敗の連続だった。企業の債務、財政赤字、住宅債務、負担をめぐる政治対立、国際関係の悪化など、多くの問題に関して、その苦痛を軽くするため各国にできる政策がある。それは金融緩和によるインフレの促進、リフレーションだ。〔Chinn *et al.*（2012）〕

結び

ケインズはモラリスト**であった。内心で常に、基本的な問題を考えていた。経済学の目的は何か。経済活動がどのようにして「良い生活」に結びつくのか。「賢明に、快適に、裕福に」暮らしていくには、どこまでの繁栄が必要なのか。資本主義が富をもたらす最も優れたシステムであると認めたうえで、ケインズはその改革を考えた。〔スキデルスキー（2010）一七頁〕

大恐慌から一九三〇年代の大不況に対して、ケインズは金本位制が強いるデフレ調整を止めるべきだと考えた。市場均衡を待っても、投資は回復せず、完全雇用は実現しない。特に、デフレや不確実性が続く中では、貯蓄に見合う投資を見出せない。完全雇用のための投資と貯蓄の均衡は、制度によって保証されるべきだ。

金融危機においては、中央銀行が金利を大幅に下げ、さらに、政府が投資を増やす。もしくは、民間企業が投資できるような公的支援を与える。そして長期的には、技術革新がもたらす富を、政府が市場に介入することで、所得分配の不平等を抑え、労働時間の短縮として実現する。その目標は成長ではなく、本当の「豊かさ」である。

国際収支不均衡の調整によるデフレの拡大を回避することも重要だ。不均衡の調整は対称的に進まない。赤字国・債務国のデフレ調整は強制的だが、黒字国・債権国の調整は自発的である。それゆえ、黒字国が投資や消費を増やすか、赤字国に積極的に融資する仕組みがなければ、世界経済にデフレが広がる。

悪い政治とは、外国人排斥のナショナリズム、国民の民主的な市民権と自由を奪うものだ。良い政治とは、戦後の繁栄をもたらした国際協調主義、表現の自由、説明責任を果たすガバナンスである。

＊　二か国の中央銀行が自国通貨を一定額・一定期間預け合う協定。為替市場に強い通貨を売って市場介入する。外貨準備の融通。二〇〇〇年、ＡＳＥＡＮ諸国と日本、中国、韓国の間でチェンマイ・イニシアティブに合意。

＊＊　人間の生き方を観察・描写して、人間の道徳的あり方を反省する人。一八世紀イギリスのモラリストは慈悲・仁徳を重視した。動物的存在であると同時に理性的でもある真の人間らしさの探究。

[Skidelsky（2018）]

良い政治を実現するため、まず、グローバリゼーションに政治的・社会的な制限を課すべきだ、とケインズは考えた。資本移動の自由も、自由貿易も最優先しなかった。金融ビジネスや輸出の拡大に頼り過ぎれば、金融危機や国際関係の悪化が生じる。

実物経済の金融化を抑え、財政・金融政策に正しい役割を与える。加速する機械化の時代にも、公正な報酬体系を守るべきだ。ケインズは、バランスの取れた経済、社会の調和を最も重視した。［スキデルスキー（2010）二八一頁］

投資や再分配政策で完全雇用を実現する「自給的」な社会の方が、貿易拡大やグローバル化によって社会が分断され、政治的緊張を高める世界より、バランスの取れた「良い社会」になるだろう。

第7章❖時代のフロンティアで

資本主義がもたらす富と破壊力は，社会制度によって抑制され，補償される。バブル崩壊後，日本企業や経営者の「仁徳」が否定された。金融グローバリゼーションと特別区の権力が未来のモデルなのか。英米の金融支配が終わるグローバリゼーション・サイクルの後半に，民主主義の革新が試される。ここが時代のフロンティアだ。コミュニティーを再建し，「良い社会」を実現するための冒険に，一歩踏み出す。

ブレグジットとトランプの時代には、新自由主義（ネオリベラリズム）によって拡大した社会の亀裂が、資本主義や民主主義に依拠する政治秩序の正統性を根本から問い直す。資本主義は機能しない。民主主義も機能していない。国民投票や大統領選挙で示された不満は、今も妖怪のように世界をさまよっている。

ドナルド・トランプは就任演説*で「アメリカの殺戮」を描いた。支持者たちに向けて、アメリカ帝国の首都を陥落させ、征服した、とトランプは宣言した。苦しい表情で拍手するオバマ大統領を含めて、その場に臨席した政治家たちは彼とその運動の敵であり、戦争捕虜であった。

われわれの勝利である、この日からアメリカは変わる、とトランプは断言した。「アメリカ、ファースト！　アメリカ、ファースト！　アメリカ、ファースト！」

第一節　日本型資本主義とその衰退

●資本主義の正統性

資本主義は、自由な市場と、生産手段の私的所有によって定義される経済システムである。その土地に根ざす旧秩序を破壊し、競争的な市場によって、富の生産や流通、所得分配を決める。戦争ではなく

市場を通じて、富と権力を求める強欲により、こうしたやり方が正当化され、支配的になった。［クラウチほか（2001）］

資本主義は、個々の生産システムや事業の組織化においては、所有権と契約関係を基にした階層的秩序を作る。この階層的支配関係で、さまざまな規模の企業体や事業がダイナミックな組織化を広げてきた。軍隊や徴税制度、郵便事業、鉄道のような、国家の管理する分野と、農家や漁師が集まるローカルな市場と並行して、グローバルな巨大市場が誕生した。

資本主義は、エリート層の競争と致富欲を、革新による、社会の再編成に向かうエネルギーへと転換してきた。

激しい対立や競争を繰り広げる無法状態と、強烈な階層的秩序の拡大。その二つの間で生きる人びとが、急激な変化に立ち向かうことはむつかしい。社会的な規制、道徳的な規範がなければ、資本主義は「殺戮」のシステムである。

内外の激しい市場競争と「望ましい社会」とが、自動的な均衡状態として同時に実現する、と考えることは、市場に関する抽象的な思考実験でしかない。社会状態はさまざまなレベルで、人間関係の積み重ねを基礎に安定して維持される。同時に、その時代の富と権力の集中が、法律や制度に反映される形

＊「Donald Trumpドナルド・トランプ　大統領就任演説・日本語字幕」(https://www.youtube.com/watch?v=B_Pwi9lyfHQ)。

で支配的な秩序を決めている。

資本主義システムが社会にもたらすマイナスの影響を、各国の統治メカニズムは、制度や文化的規範によって抑制し、市場介入と再分配により補償してきた。それらが失敗したまま放置されるなら、人びとにとって政治や秩序の正統性が失われる。

●ドーアの訃報

資本主義は多様である。その土地の歴史や社会対立によってできた制度・合意は、市場が統合しても、一様に収れんするわけではない。異なる社会を、異なる基準で、人びとは評価し、信頼し、愛着を感じてきた。

二〇一八年一一月一三日、ロナルド・ドーアがイタリアで亡くなった。

マリ・サコがＦＴに書いた訃報［Sako (2018)］によれば、ドーアはイギリスの傑出した社会学者であった。社会を改善するために、人間の動機と行動を理解する、という社会科学の役割を、ドーアは確信していた。

ドーアは、他の何よりも日本研究者であった。彼が日本と出会ったのは偶然である。労働者階級の家に育ち、父親は機関車の運転士だった。一九四二年、一七歳のとき、イギリス政府の戦争省（the War Office）から奨学金を得た。それは、高等学校やパブリックスクールから優れた学生を集めて、戦争に必要な言語を学ぶよう支援するプログラムだった。

ドーアは午前中、ロンドン大学（ＬＳＥ）東洋アフリカ研究所（ＳＯＡＳ）で日本語を学び、午後は通常の科目に戻った。一九五〇年に初めて日本を訪れ、人類学と社会学の手法で、徳川時代の教育や、一九五〇年代東京の都市生活、戦後日本の土地改革を研究した。

一九六〇年代、七〇年代には、伝統的社会から近代化に成功した日本に欧米の注目が集まった。ドーアはＬＳＥとサセックス大学で比較産業社会学者になり、「後発的発展」や「逆収れん」という概念を駆使して、西側への日本のキャッチアップを説明した。また教育社会学者として、日本、その他の発展途上国における教育システムに関するＩＬＯの研究を担った。教育、若者の失業、職業訓練に関する彼の関心は、『学歴社会』*という画期的な著作となった。

イギリスの産業衰退や高い失業率を懸念して、ドーアは政策担当者やビジネス界の指導者が「日本を真剣に考えるべきだ」と主張した。より良い、公平な社会制度の基礎として、固有の道徳心をドーアは経済モデルに求めた。

ドーアは「資本主義の多様性」を早くから提唱した一人であった。英米の会社法による企業モデルではなく、日本企業は共同体モデルであり、ダイナミックな効率性の改善による利益と、公平さの実現と

＊　学歴社会とは、社会的地位を決める主たる基準が学歴であるような社会。実力社会・能力社会と対置される。社会の高学歴化は学歴のインフレーションを生む。すなわち高学歴者の数が増え過ぎて、その価値は下がった。

が、日本企業の中で共存している、と主張した。

しかし、ドーアが警告していたように、サッチャー＝レーガンのネオリベラリズムは日本にも及び、アメリカで教育を受けた都市生活者が、日本型の共同体企業を破壊していった。日本企業も株主の利益を重視し、金融化が進むようになった。この転換について繰り返し不満を表明したが、ドーアは、結局、イタリアに移住し、そこで亡くなった。

●貿易摩擦の社会学

貿易黒字は市場によって決まる、という理解は不十分だ。貿易は世界の支配的秩序の一部である。日本は、その中で国民が豊かになるシステムを模索した。
「火星の歴史家」が一九八五年の人類の状態を書いている、とドーアは想像して、この「惑星の権力構造」を要約する。そこにあるのは二つの支配的要因だ。［ドーア（1986）一頁］
第一に、いわゆる「自由貿易体制」である。商品と資本と人的資源が国境を越えて取引され、他方で、資源の使用とその配置、相対価格が変化するよう、国ごとに財政・金融・為替レートを決めている。しかし第二に、米ソが軍事的・思想的に厳しく対立し、それが国家間の協調、紛争と平和のパターンに影響している。その結果、自由世界におけるアメリカの「統率力」を損なう、と思われることは決してだれもしない。

自由貿易と核兵器が地球を支配する政治的法則である、という世界で「貿易摩擦」は起きている。日本はエネルギー源の八〇％（現在は九〇％）、食料カロリーの六〇％を輸入していた。その支払いには、工業製品を輸出して黒字（ドル）を得る必要があった。そのために、日本はその製造業が十分な国際競争力を保つよう、常に努力しなければならなかった。

日本は、この構造と条件に応じて、高い輸出競争力による成長モデル、工業部門の十分な雇用を実現するための独自の資本主義システムを創り出した。ドーアが「日本型資本主義」とよぶものだ。それはいわゆる市場経済学が示すものとは大きく異なっている。

英米において支配的な市場経済学は、概ね、こう考えていた。障壁や硬直性がまったくなければ、自由な市場が迅速かつ効率的に作用して、失業はなくなり、成長率が高まるだろう、と［ドーア（1986）三二頁］。しかし、日本の資本主義システムには、それがまるで当てはまらなかった。企業行動を制約する障壁と硬直性が満ちている。たとえば、「終身雇用」、「根回し」、「年功序列」。企業間では長期的な契約、下請け企業との「義理」を大企業も重視した。

日本企業の重役たちは、大学を卒業して就職した企業に何十年も勤め、さまざまな部署を経験して、その地位に就いた。重役たちの所得は平均的な社員の給与から極端に隔たることはなく、それゆえ共同体としての企業の長期的繁栄を目標として社員らに説得できた。労働組合も、企業のために進んで賃金引下げを受け入れた。

長期の安定的な関係、協調的な相互の調整を重視するという姿勢は、制度的要因として、系列企業や下請け企業との株式の持ち合いで強化された。こうした株式は市場で売買されない。その結果、配当や株価を基準にいつでも企業買収（M&A）される、という心配がないから、経営者は長期の目標、技術革新のための研究開発に投資し、労働者や下請け企業と協力して生産性を高めることに専念できた。

ドーアは、支配的思想の役割、教育制度も指摘する。小学校・中学校の義務教育は、伝統的な儒教的道徳心を国民に広めた。労働者は部下として上司に「忠誠」であり、上司は「仁徳」をもって、権力の乱用を自制し、組織全体の統治に責任を負った。同じ小学校に通った者が、上司や部下になっても一つの社員食堂で一緒に食べ、一団となって働くことができた。

●金融グローバリゼーション

サングロ・サクソン型資本主義、投機的金融グローバリゼーションをドーアは嫌った。そして「良い社会」という基準からみて、日本はそれに抵抗するだろう、と考えた。［深田ほか（1993）；ドーア（2001b）；（2006）；（2011）］

しかし、日本もグローバリゼーションによって、あるいは、ドーアの言う「フィナンシャリゼーション（金融化）」によって、社会の根本的な姿勢が変わってしまった。少なくとも、バブルが破裂したあと、成長が失われてからはそうである。

政治家や経済学者たちは、会社を株主の所有物とみなして売買し、「株主利益の最大化」を経営者に求めた。そのため利益や配当に応じた巨額の報酬を経営者に約束する、という「構造改革*」を推進した。貧富の差を拡大し、無慈悲な競争を称賛し、社会の連帯意識や、それを支えるさまざまなレベルの協調を破壊した。

技術革新が長期的に社会を変えるとき、その利益が広く住民に享受されることを、「良い社会」の目標にするべきだ、とドーアは考えた。自由貿易でも、金融自由化でもなく、生活の質、社会関係の質を問題にし、所得分配や人生の機会（特に、十分な賃金を得られる仕事）がどのように配分されるかを考えるように求めた。

株式市場がイノベーションに必要な資金を供給する、というのは、まったくの神話であり、嘘である、とドーアは批判した［ドーア（2011）六二頁］。金融的なギャンブルは、実質的な成長、技術革新による生産性の上昇をもたらさない。日本とアメリカの技術革新を促すシステムは異なっている。

しかし、グローバルな通信・輸送システムの発達で、金融サービスは最大の潜在的輸出産業に変わった。投機的な利益を増やして、金融部門こそが経済成長の主導部門である、とみなされるようになった。株式や債券、外国為替の売買が、新しいギャンブルや娯楽として広まり、国民的な教養としてその知識

＊　その一つが小泉純一郎首相の制度改革論。郵政三事業や道路公団の民営化。規制緩和。国と地方の三位一体の改革。資源配分の効率性改善に市場インセンティブを生かすことで高い成長率を実現する。

が称揚された。

日本では人と人との関係が、敵意や恐怖ではなく、性善説の親愛と友情で決まる。それは日本社会の良さである〔ドーア（2001b）三二四頁〕。他方で、女性や子どもが夜の街を歩けない。若者の、特に黒人の多くが刑務所に入っている。それが金融ビジネスの盛んなアメリカ社会である。証券化は、人と人との信用、信頼関係であったものから、道徳的な義務感を失わせた。〔ドーア（2011）八六頁〕

ドーアは、日本が社会の優れた質を守るべきだ、と考えていた。

●日本型企業の擁護

貿易黒字の累積について、アメリカは日本を責めた。しかし、イギリスもアメリカも貿易黒字を出し続けた時期があった。問題は、その黒字の使い方、世界経済にデフレ的な影響を与えず、還流させる仕組みを示すことであった。

自由貿易には偽善的な要素がある〔深田ほか（1993）一七九頁〕。ハジュン・チャンが強調したように〔チャン（2009）〕、工業化した諸国はすべて、かつて保護主義的な政策を採用していた。またブレトンウッズ体制では資本規制を認めていた。もし自国の重要産業や企業・雇用、金融市場と銀行の安定性が破壊的な影響を被るなら、これを規制するのは正しいことだ。

製品の輸入に対する障壁が、その国に対する直接投資を促す条件にもなっていた。ドーアは、こうした輸入規制による直接投資の誘致を、国際合意として自由貿易体制に組み込むことを提案した。そして韓国や中国は、雇用やビジネス慣行、政府の役割など、アメリカよりも日本と近い面があるから、東アジアが協力してアメリカの要求に対抗できるだろうと考えた［ドーア（2001b）三三一頁］。

ドーアは、金融危機が起きて、アメリカが本物の不況に陥る、という可能性を考えていた。そのとき日本は、ドイツを先頭にヨーロッパ諸国とともに、アングロサクソン型資本主義、金融グローバリゼーションの拡大を逆転するかもしれない。フィナンシャリゼーションが進んだ経済を、再び、社会的規範や制度の中に埋め込むだろう。

●「幻滅」

しかし、日本国民はそうしなかった。少なくとも、そのような選択を指導する政治家や経済・社会集団が、政治の主導権を握ることはなかった。バブル崩壊は、むしろ橋本・小泉政権による「行政改革」や「構造改革」に向かい、世界金融危機の後も、アメリカ型金融ビジネスに対する反省は速やかに忘れ去られた。

一九九七年に起きた北海道拓殖銀行と山一証券の倒産は、日本版リーマン・ショックであった。もしこれらを国有化していたなら、パニック的な金融危機はそれほどひどくならず、景気回復も早かったのではないか。［ドーア（2011）三二頁］

リーマン・ショック後、G20による協調的な景気刺激策で世界不況を回避したが、主要国は早期に財政緊縮策へ転換した。それは間違いであっただろう。日本人は消費を抑制し、中国や産油諸国などとともに貯蓄を輸出した。その結果は、金融ビジネスに特化するアメリカが不当に大きな優位を占める世界経済への逆戻りであった。〔ドーア（2011）一〇二頁〕

デフレをどう立て直すのかという論争で、労働組合からの声は聞こえなかった〔ドーア（2006）一八二頁〕。オイル・ショックのときは、国益を思って、中央の団体交渉で賃金引上げを政策的に抑制した。その逆のことができただろう。経団連、連合、大蔵省*が話し合って、賃上げによるデフレ脱出と、緩やかなインフレをはかり、景気回復を早めるべきだった。

日本人は考え直す機会を逸した。ドーアが愛した日本で、体制派・革新派を問わず、政治・経済について「友好的、ザックバランに」対話し、議論した友人たちの多くは亡くなった。制度を変えることは可能である。しかし、それには政治勢力が必要だ。政治思想家はどこにいるのか。〔ドーア（2011）一〇九－一一〇頁〕

政治家や経済学者たちは、今もアングロサクソン型資本主義を理想化する「構造改革」、金融グローバリゼーションを推進している。こうした日本の変化に、ドーアは幻滅した。

第二節　成長と民主主義の動態

●ハード・タイム

資本主義システムは、歴史的に、金融危機にともなうショックを繰り返し経験し、日本だけでなく世界各地に、異なる社会の異なる政策と制度を生んだ。

現在の資本主義システムは、二つの危機の結果である〔Wolf (2018); Kaletsky (2010)〕。すなわち、一九七〇年代のスタグフレーションが反ケインズ主義革命を起こし、一九八〇年代、市場と国家の役割や、マクロ経済政策の目標、中央銀行の使命が根本的に変化した。

二〇〇八年は、一九七〇年代のような危機にならなかった。金融危機は、不平等を拡大した自由市場システムの破滅的失敗であった。しかし、政策担当者たちは政府と市場の役割を見直さなかった。不平

＊ 大蔵省は一八六九年（明治二）七月に創設され、財政・金融という国の最も重要な行政を担当した。金融機関の破綻後、財政と金融との分離が求められ、二〇〇一年の中央省庁再編により金融行政の中心的な業務を金融庁に、予算業務の一部を内閣府に設置された経済財政諮問会議に移し、財政を中心につかさどる省（財務省）となった。大蔵省が運用してきた郵便貯金、簡易生命保険の運用は総務省郵政事業庁が、さらに郵政民営化以降は独立行政法人が管理する。財務省の運用部資金は大幅に減少した。

等は懸念されただけで、政府は何も行動しなかった。ポピュリストたちが支持を集めたのは当然だ。

世界金融危機後、政策担当者たちが目指したのはもっぱら金融システムの救済であった。金融を安定化し、需要を回復させる。破綻した金融システムと民間部門の債務削減に対して、国家が債務を拡大して応じた。金利を引き下げ、財政赤字を膨張させた。そして新しい、複雑な金融規制を決めた。一九三〇年代のような経済崩壊を回避したが、救済策は（弱い）回復をもたらした。

今後、国内のさまざまな政治主体が異なる目標を掲げ、金融危機後の権力を支える新しい政治的連携が起きるだろう。危機が根本的な変化に至るか、旧秩序の回復にとどまるか、政治の変化（あるいは無変化）が歴史を分ける。

●アジアの新自由主義

欧米に代わるアジアの高成長は、新自由主義の成功を意味するわけではない。

アイファ・オングは、文化人類学の視点で、資本主義システムが異質な社会・文化的環境において、たとえば、イスラム圏や女性の「美徳」に依拠して、どのような統治をもたらすかを研究した。それは、「特別区」に見られるような、国家の統治という絶対的権威が命じる「例外状況」の考察である。［オング（2013）］

グローバリゼーションにおいて特別区は、グローバルな技術と、ローカルな伝統社会のメカニズム・

文化倫理とを接合している。それは、新自由主義的な、移動するテクノロジーを、多様な国家的文脈で理解することを求める。特に、小さな国々と、ＩＭＦのような国際機関が行う介入とは、政府が自国民を統治する新しい柔軟な選択肢と、そのための経済空間や政治的配置を生み出した。オングは特別区をそう理解した。

中国は、この「特別区」という技術を用いて、香港、マカオ、さらには台湾やシンガポールといった、それぞれに性格の異なる諸政体をひとつの経済的な軸の下へと統合する［オング（2013）一五二頁］。外国投資と市場が活性化することで、貿易、産業、知識交流が、緊密に連携した多様な主権、政治的空間と政治的条件を生み出した。それが「アジアの多島海」（平和）にとどまるのか、あるいは、独自の結びつきを失った政治的主体が経済的に統合される空間として、最終的には政治的統合（中国の支配）に向かう迂回路なのか、という問題をオングは提起する。

アジアの新自由主義による統治の変化を理解しなければならない。「グローバル化は、コスモポリタンな感情と意識の拡張をもたらすだろう。しかし他方で、何百万人もの労働者の市民権と人権を定義する水平的な市場の力ほどのたくましさを持った、それに釣り合うコスモポリタンな制度は欠如している」。［オング（2013）二〇八―二〇九頁。訳文を一部変更］

世界金融危機を経て、欧米は内向きになり、アジアは自信と楽観主義を持ってグローバリゼーションを受け入れた。[Khanna (2019)]

数十億人のアジア人は、この二〇年間を成長と地政学的な安定、急速に拡大する繁栄として経験し、高まる国民的なプライドを感じている。一九九七年のアジア金融危機以降、ほとんどの国は変動レート制に移行し、貿易黒字、外貨準備を増やした。インフラを整備し、直接投資の流入が増えた。

グローバル・イーストがグローバル・ウェストと収れんする時代の、新しい統治の原理をアジア人は編み出した。それは、民主主義でも資本主義でもなく、「適応力 adaptability」である。西側の民主主義や開発パラダイムに比べて、今、こうした考えが急速に広まっている。

すべての社会が、繁栄と安定、開放と保護、市民的代表制と効果的な支配、個人主義と結束、自由な選択と社会的厚生、それらのバランスを模索する。人びとは、その社会が「民主的である」から支持するのではない。都市の暮らしは安全か、住宅を得られるか、雇用は安定しているか、老後の貯蓄はできるか、友人や家族とのつながりを維持できるか、といった視点で判断する。

社会的・経済的なグッズ(財)の追求は、さまざまな程度で、アジア社会の規範を発展させている。二一世紀の社会は、三つのタイプによる統治へ向かうだろう。すなわち、混合型資本主義、テクノクラート型ガバナンス、社会的保守主義である。

●テクノクラシー

持続可能なアーキテクチュア、公共住宅部門の管理、衛生・循環システムのグレイドアップ、政府と民間と大学のパートナーシップ、技術革新を促す産業集積。これらこそが二一世紀の高いパフォーマンスを示すガバナンスの根幹であり、シンガポールである。

●変化の源

クリスチャン・カリルは、変化は避けられない、と書いた。

ベルリンの壁が崩壊したとき、理想の社会に向けて飛躍する瞬間を人びとは感じ、時代と境界を越える友情を感じた。しかし、今は違う。アメリカの9・11や日本の3・11に震えた人びと。イスラム国が世界に示した捕虜たちの斬首映像。戦争によって巨大な廃墟となったチェチェンやシリアの都市。ギリシャの海辺に遺体となって流れ着く難民とその子どもたち。

キング牧師が述べたように、「暴動とは、その声を聞いてもらえない者たちの言葉である」。ブレグジットもトランプも、この時代の変化の兆候であって、その変化を創り出したわけではなかった。変化を支持した人びとの絶望と怒りは大きく、それを受け止める政治を求めて、間違った答えを彼らは選んだ。

ポピュリズムに対抗するより、その源泉に注意を向けるべきだ［Foa *et al.* (2019)］。ポピュリスト的な憤慨を生み出すメカニズムを解消し、武装解除することである。ボリス・ジョンソン首相も、トランプ大統領も、地方住民の負担を減らし、地域経済の復興を約束して、投資し始めた。

グリーン・ニューディール*は進歩派たちの幻とみなされているが、超党派で取り組むプロジェクトになりうる。道路、鉄道、都市を再建し、アメリカの忘れられた後背地と、繁栄する進歩的な沿岸部とを再統合することだ。

かつて、スペイン人の征服者たちは、奴隷制と農奴制を不可欠な構成要素とするスペインの経済的・社会的伝統を新世界に持ち込んだ。〔ウィリアムズ（1978）I、二三、二六頁〕

裸で、武器と言えば弓と矢しか持たなかったインディオは、スペイン人の弩《いしゆみ》やナイフ、大砲、騎兵、それにインディオ狩りにとくに訓練された犬などの前には、まったく敵ではなかった。すっかり恐慌に陥ったインディオは、やむをえず貢納義務を認めた。金鉱の近くに住むインディオは三カ月ごとに金二分の一オンスないし三分の二オンス、それ以外の地方のインディオは綿花二五ポンドというのが、このとき承認された貢納の額であった。絶望したインディオたちは山奥に逃亡し、農耕をすっかりあきらめてむしろ餓死への道をえらんだ。

第三節　グローバリゼーション・サイクル

●金融危機の後

危機のときはラディカリズムが広がり、多くの新しいアイデアが現れ、政治は対称的な案の間で分裂する。既存秩序の根本的な変化を求める政治的想像力が活気を帯びる。アンドルー・ギャンブルは、危機に関する異なる物語・説明として、市場原理主義、国家保護主義、規制を重視する自由主義、コスモポリタン自由主義、反資本主義を挙げた。** ［ギャンブル（2009）第六章］

二〇〇八年の世界金融危機が新自由主義の転換につながらなかった五つの理由をギャンブルは示す。［Gamble（2014）pp. 13-14］

＊　太陽光や風力など自然エネルギーの活用、将来有望なエコカーの導入・普及など、環境分野の大型投資で地球温暖化防止と景気浮揚の両立をめざす政策。大恐慌からの脱却をはかったニューディールにならい、オバマ大統領が提唱。二〇〇八年のリーマン・ショックと経済不況を乗り切ろうとした。

＊＊　市場原理主義者は、金融の安定性と市場秩序の維持を最優先する。国家保護主義者は、国民共同体の安全と福祉に政府が責任を持つ。規制重視の自由主義者は、新自由主義の行き過ぎを抑えるが、開かれた自由市場の原理は変えない。コスモポリタン自由主義者は、グローバル・ガバナンスを築いて世界を一つの政治的統合体にする。反資本主義者とは、二〇世紀の社会主義に代わる、環境保護主義などの反グローバリゼーション運動である。

(一) 緊急の封じ込め政策が成功した。何よりアメリカには、金本位制の制約がなく、事実上、世界の中央銀行として大規模に金融緩和できた。
(二) アメリカの優位が維持された。一九三〇年代、イギリスは指導的な国家としての能力を失った。一九七〇年代、アメリカはブレトンウッズ体制を破壊した。しかし二〇〇八年以降も、国際システムにおけるアメリカの優位が続いている。
(三) 異なる政策を強く主張するビジネス集団が現れず、労働組合など、ビジネスに対抗する社会集団も弱体化された。反対派は組織されなかった。
(四) 政治家や国家機関にラディカルな政策を求める意志がなかった。有権者にとって、主要政党の違いがみえなくなった。国家の諸機関やロビー集団も一つの共棲関係にあり、増大する国際的な相互依存関係が各国から政策選択の余地を奪った。
(五) 新自由主義の思想的なヘゲモニーが失われず、「ほかに選択肢はない（TINA＝There Is No Alternative.）」と主張した。

しかし、金融危機が国際協調とグローバル・ガバナンスを不安定化することは、今回も起きたはずだ。増大する経済的軋轢と国内の政治圧力に直面して、各国の政治家たちは、国際的な調整のための政策協調をあまりにも大きな負担と考えただろう。

産業革命以来、技術革新は生活水準の上昇をもたらす可能性があった。しかし、政治家たちは国際競争力や効率を理由に、労働者の生活を厳しく制約した。貿易と投資による国際システムに参加し、自由貿易の利益を得るために、自国の経済状態を民主的にコントロールする力を失った。それは再分配の余地を失わせ、他者から奪うこと、怒りや社会対立が激化することを意味した。

●グローバリゼーション・サイクル

アメリカ中心の金融グローバリゼーションが再建された。しかし、それは大きな循環過程の最終局面であり、グローバリゼーションは後退期に入る。［James（2009）］

古代ローマ帝国のコインはスリランカやベトナムでも発見される。歴史において何度かグローバリゼーション・サイクルが起きた。それは貿易や貨幣の利用が示すだけでなく、人や技術、考え方が地理的に広まり、常に極端な混乱や金融危機の波及で終わった。それは暴力のグローバリゼーションでもあった。［James（2009）p. 11］

過去のグローバリゼーションでは、成長をもたらすダイナミズムに従い、労働者が一つの部門から他の部門へ移動した。一八世紀の拡大では、農業部門の生産性が上昇し、農民の購買力が増して、第一次産業革命につながった。一九世紀後半には、製鉄、鉄鋼など工業部門が拡大し、蒸気機関車や鉄道など、輸送革命につながった。

この二〇〇年間で、雇用や経済活動、それゆえ、労働力の、二つの大きな移動が生じた。一九世紀は農業から製造業へ、そして、二〇世紀には旧製造業からサービス部門へ。そのいずれも、激しい経済危機が移動の時期と条件を決定した。

ハロルド・ジェイムズによれば、金融グローバリゼーションは二つ目のサイクルの後半である。前半にサービス部門の拡大を代表したのは政府・公共部門であった。しかし、一九七〇年代をピークとして、経済の効率性を求める民営化に向かい、公共部門の財源に関する新しい考え方が強調された。そして金融部門の急速な拡大は新しい成長モデルになった。

また一九九〇年代から、世界の製造業の地理的配置が変化した［ボールドウィン（2018）］。モノ、ヒト、アイデアの移動コストが大幅に低下し、製造業の「アンバンドリング」、すなわち、生産と消費が結びついた状態を解除した。新興諸国で生産コストが急速に低下し、工場の海外移転（オフショアリング）が進んだ。グローバル・サプライチェーンでは、各国の比較優位のパターンを多国籍企業が積極的に組み換える。

新興諸国で貧困が大幅に減り、豊かな都市中間層が増えた。他方、欧米や日本の旧工業地帯では労働者たちの所得が減り、サービス部門の不安定な雇用が増えた。

●安全保障と国際通貨

グローバリゼーションの勝者（ニュージーランド、チリ、アイルランド、バルト海諸国、スロヴァキア、スロヴェニア）は、独自の国際秩序を支持する基盤を持たない開放型の小国であった。ＢＲＩＣｓ*や日本でさえ、金融グローバリゼーションに代わるモデルを示せなかった。[James（2009）p. 182]

一九七〇年代以降、アメリカの貯蓄率は大幅に低下し、投資は資本流入、すなわち、外国の貯蓄に依存するようになった。しかし、アメリカ型資本主義と金融グローバリゼーションは、単にアジアの工業生産力拡大を、債務に依存した過剰消費で支えるシステムではなかった。以前のサイクルと同様、アメリカの急速な技術革新がグローバリゼーションを支えている。

アメリカに流入する資本は、優れた大学教育や都市インフラに投資される。アメリカには世界中から優れた才能の若い学生や研究者が集まる。高度なスキルや知識を持った移民の流入により、アメリカは最先端の技術革新力を維持している。

アメリカ政府による軍事支出も重要である。アメリカへの資本流入は、世界各地の金融・政治不安と連動して増大する。特に外国政府・中央銀行が、低い利回りでもアメリカの政府債券を購入し、保有し続けている。それは、金融市場の安定化や軍事的な安全保障という、「安全」への代価が含まれるからである。

かつてキンドルバーガーは、対外短期債務を増やし、中長期の融資に転換するアメリカの役割を、国

＊　ブラジル、ロシア、インド、中国。後に南アフリカを入れる。工業化が進む有望な投資先。人口と所得水準から市場規模も大きい。エネルギー・資源の豊かな埋蔵国。外交・軍事面でも影響力を高める。

際的な「銀行」と理解した。アメリカが世界に流動性（通貨）を供給している。グローバルな債券市場を形成し、今や、アメリカは一種の「ヘッジファンド」である。

グローバルなヘッジファンドとしてのアメリカは、いつまで繁栄し続けられるか。それを決めるのは外国の政府や投資家である。アメリカの金融市場や安全保障に疑念が生じ、国際秩序に不安をもたらすとき、このシステムの持続可能性が問い直される。逆に、金融危機からアメリカの政治危機が生じるだろう。［James（2009）p. 204］

長期的にみれば、新興市場の貯蓄率は減少し、自国通貨による金融市場を発達させて、ドルへの依存を減らすはずだ。トランプが唱える貿易戦争や、外交的な武器としてドルを利用する姿勢は、危険なシステム破壊を招く。国際通貨としてのドルの地位は、永久に続くものではない。

●金融危機と政治的転換

金融自由化は、「癌のように転移した」［Wolf（2019）］。金融部門は、自分たち自身で、信用、所得、しばしば幻想でしかない利潤をもたらした。それは「レント」（地代・不労所得）による資本主義を世界的に拡大した。アメリカの中位の所得水準にある家族は、一九七三年以降、生活水準が停滞し、将来、その子どもたちは両親より貧しくなるだろう。

「レント」とは、財・サービス・土地・労働の供給を促す以上に高い報酬を意味する。市場や政治力が、特権的な個人や企業に、すべての人びとからレントを吸い取ることを許している。アメリカ社会の一部に集中する富は、技術変化やグローバリゼーション、中国との貿易、移民の流入によって説明できない。

根本的な問題は、競争が失われたことだ。アメリカで市場の集中化が進み、企業の独占利潤が増えた。「勝者総取り」型市場の性格、ネットワーク外部性*を利用できる、限界コストがゼロのプラットフォーム企業（フェイスブック、グーグル、アマゾン、アリババ、テンセント）はその典型だ。地理的な集積にもネットワーク外部性が働く。ロンドン、ニューヨーク、カリフォルニア湾岸など、成功する大都市には強力なフィードバック・ループがあり、才能ある人びとを集めて高報酬をもたらした。他方で、取り残された街のビジネスや住民は苦しんだ。

独占利潤は政策の結果でもあった。「株主価値の最大化」という主張は、非常に複雑な問題を過度に単純化した。企業は課税回避を激化させた。安全保障、法体系、インフラ、教育、社会・政治的安定性など、企業は公共財を享受しているが、税金を逃れる最高の地位を得ていた。租税競争、税源の浸食、利潤の海外移転。その結果、各国は税率を下げ、企業は知的財産をタックスヘイブンに移した。利益を分かち合う、という人びとの正当な信念が破壊された。

＊　ある財・サービスの利用者が増えると、その財・サービスの利便性や効用が増加すること。電子メールや携帯電話などネットワーク型サービス。パソコンのＯＳや映像記録方式の規格など。

グローバリゼーション・サイクルが終わる一つの理由は、距離によって、文化や信頼関係が再生できなくなるからだ。[James (2009) pp. 267-277]

第四節　民主主義のフロンティア

●民主主義の革新

ブレグジットとトランプの時代が私たちに衝撃を与えた。㈠市場経済の浸透とグローバルな統合において、資本主義は機能していない。㈡諸社会の相互依存が緊密に深まる中で、社会改革に向けた民主主義は機能していない。㈢新興諸勢力・諸国家と旧勢力との対立は、暴力と強権的な言動、戦争の恐怖を広めている。

世界中で権力の劣化が進み、政治秩序がさまざまな挑戦を受けて壊され、新しい秩序を築く力は弱い。たとえば「SNS革命」を称えても、その後の無秩序は、軍事介入や権威主義的な支配者に操作された「非リベラルな民主主義」に終わった。

権力の作用する条件が変わったからだ、とモイゼス・ナイムは言う[ナイム (2015)]。人類の多くの人が、より豊かになった。しかも、もっと豊かになることを望んでいる。より良い機会を求めて、人びとの移動する力が高まった。企業や技術、資本はもっと速く移動する。こうした意識の変化は、ビジネス

紳士（アメリカ合衆国）はドナルド・トランプが何を考えているのか，どうしても知りたい。しかし占い師に尋ねてもムダだ。民主主義。統治のモデル。トランプは何も考えていないから。（"KAL's Cartoon," *The Economist,* Dec. 3, 2016）

であれ、政治であれ、文化であれ、人びとを支配する力を掘り崩した。

新しい統治のモデルはどこにあるのか。民主主義の発展は、偶然性と、各地の突然変異によって実現した［キーン（2013）］。

圧倒的な貧困、読み書きできない人びとは民主主義に値しない、という植民地支配者の通念を、インドのデモクラシーが打ち破った。ジョン・キーンのすばらしい本は、一九五一年一〇月から六か月をかけた最初のインド総選挙を、経済成長と、宗教的寛容と、社会的平等を創り出す実験として描く。また、アメリカの公民権運動が地上に現れた瞬間、ローザ・パークスやマーティン・ルーサー・キング・ジュニアの姿、黒人を差別するバスに乗車することをボイコットし、学校や職場まで道を歩いた人びとと、バ

ス料金と同じ一〇セントしか請求しなかった黒人タクシー・ドライバーたちを描く。［キーン（2013）下二五八―二六三頁］

植民地支配の歴史と、カーストや宗教対立など、人びとのあいだに深い亀裂を抱えたインドなど、多くの社会で、民主主義の現実を変える力が試されている。グローバリゼーションの中では、いかなる土地の住民にも、見知らぬ遠くの意思決定者が支配の在り方や富とパワーの分配を決定する。異なるさまざまな資格や条件を反映した、社会の差別された底辺層、移民、都市の貧困者が、民主主義の在り方を問い続けるのは当然だ。インドの都市におけるサバルタン*の要求を、政治社会の可能性として描くチャタジーも、新しい民主的な社会の姿をそこに観た。［チャタジー（2015）］

多様な人びとの多元的な政治モデルや信条を許容する、リベラルな民主主義の将来を、トランプは脅かす。ポピュリズムが広まった社会的亀裂、政治の分断を、彼は深化させるだろう。

エドワード・ルースは、論争を刺激する三つのアイデアを挙げた［Luce（2017）pp. 196-200］。第一に、ベーシックインカム**を実行可能な形に高める。第二に、急速な技術革新や、中国・インドの世界市場参加に対して、先進諸国の中産階級・労働者は雇用や所得に不安を感じている。彼・彼女たちに教育や雇用の機会を与える。第三に、新しい社会契約、社会的な再分配に合意し、富裕層に課税する。

そのために必要な、民主主義を支える同朋意識を生み出すことはできるだろうか。平等な社会が望ましい、という意識は、ハイテク産業やインターネットがもたらすグローバリゼーションに圧倒されている。政治学者のダールは、民主主義の基礎には安定性とコミュニティーが必要だ、と書いた［ダール（2006）］。

解決のヒントは二つある。平等を政治的に制度化し、小さな集団で「熟議」***に参加することだ。

●ポピュリストの情熱

エコノミストたちがポピュリズムを嫌うのは、それが無責任で、持続不可能な政策を要求するからである。最後は、彼らが救済すると約束した庶民を破滅に導く。ラテンアメリカ諸国の不安定なマクロ経済の歴史は、そうしたポピュリスト政策の本質を示していた。

＊　自らを語る声を持たない従属させられた社会的集団、とりわけ植民地主義の文脈で、周縁化された先住民や奴隷を指す用語。サバルタンが語ること、サバルタンの声を聴くことは、支配―被支配、優劣の関係性を、とりわけヨーロッパ中心主義を破壊することから始まる。動的かつ戦略的な概念。

＊＊　政府が国民全員に、無条件で、生活に最低限必要な資金を給付すること。それを権利と見なす考え方、仕組み。ロナルド・ドーアは、二〇〇九年、同志社大学のシンポジウムに参加した。ドーアへの質問を含む私の感想を「ＩＰＥの風 11/16/09」（www1.doshisha.ac.jp/˜yonozuka/ipe_note_2009/111609note.htm）に書いた。

＊＊＊　熟議と討論型世論調査　無作為抽出による世論調査の回答者から討論会への参加者を募り、資料を参考に数名の集団で討論や専門家との質疑を行う。あらためて最初と同じテーマのアンケート調査を行い、意見の変化を探る。フィシュキン James S. Fishkin らが考案した社会実験。

しかし、経済政策の規律は常に望ましいものとは言えない［Rodrik（2019）］。ルールや政策委員会に権限をゆだねると、狭隘な集団の利益に偏り、一時的な優位を長期化することにつながる。そのような場合、効率性ではなく、もっぱら再分配のために、その制約を緩和することが社会的にみて望ましい。たとえば、金融政策が独立した中央銀行によって決定されることは、一九八〇年代、九〇年代のインフレ鎮静化に有益であった。しかし、低インフレの状況で、中央銀行が排他的に物価の安定性を重視することがデフレ的偏向を経済政策に与えている。

グローバルな貿易ルールについても、通商協定の議題をますます特殊な利益集団が支配するようになった。それは多国籍企業、金融機関、製薬やハイテクの大企業だ。その結果、グローバル化は資本にとって有利な、労働者たちにとっては不利なものになっている。ＩＳＤＳ条項*も、外国企業とその本国政府に有利な原則を支持し、他方、受け入れ国による再分配政策を阻止する。外国投資家の圧力で、政府は公共の利益のために政策を決定できない。

ヨーロッパで経済統合が進むと、国境を越える取引コストをなくすために、各国の権限を遠くのＥＵ機関に譲る。ＥＵ規模の規制、財政ルール、共通の金融政策は、ますますブリュッセルやフランクフルトで決定される。こうしたシステムは、高度なスキルを持つ専門家や国際展開する企業にとっては有利でも、多くの人びとが排除されたと感じる。

最近のポピュリスト的な反発は、地域における民主主義の不足とテクノクラートによる政策決定から生じている。経済政策の制約を緩和し、選挙によって生まれた各地の政府に政策権原を返還するべきだ。正統的議論が危機やポピュリズムの興隆によって転覆される時代には、経済政策の自由な実験が求められる。

フランクリン・D・ルーズベルトとニューディール政策が歴史的な例である。ルーズベルトの経済イニシアティブは、その多くがポピュリスト的であった。彼は、反対する者たちを「経済的王党派」とよんで攻撃した。それは、庶民を犠牲にして経済を支配する大企業、金融業者、産業家たちだった。結果的に、大不況が広めたポピュリストの情念をルーズベルトは緩和し、修正した。人びとの生活を改善するだけでなく、民主主義を守るためにもニューディールが必要だった。

●小さな集会

ここが時代のフロンティアだ。ドルやユーロが代表するような経済圏の拡大と、EUや中国など、共通の統治をめざす政治の求心力が働く。金融化されたグローバリゼーション、崩壊した旧秩序、暴力が支配する土地を超えて、自分たちにふさわしい社会統合を自分たちで決める。人びとは社会的な意志を示すだろうか。資本主義は機能しない。民主主義も機能していない。苦しむ

＊ Investor State Dispute Settlement　投資家と国家・政府との紛争処理条項。投資家や企業が投資先国の差別的政策によって不利益を被った場合、国際仲裁機関に投資先国を訴えることができる。

人びとの声を聴いて社会制度を改革し、政治を変える。私たちの率直な話し合いが、未来のコミュニティーを築く。

熱意を引き出す、小さな集会や新しい試みがあるとしたら、それがフロンティアだ。

あとがき

この本を手に取ってくださる読者に、何か意味のある視点や刺激的な考察を提供したいと私は思いました。なぜイギリスはＥＵを離脱するのか。なぜトランプがホワイトハウスに入ったのか。ありえないことが本当に起きたのです。

ブレグジットは、ＥＵだけでなくＵＫを解体させる危機として、またトランプは、アメリカ政治がポピュリズムに向かう時代の煽動者として、内外の政治秩序を不安定化させていると私は考えました。たとえ国民投票で離脱が否決されたとしても、またトランプがいなくても、こうした秩序の崩壊は続いたでしょう。社会を変えるダイナミズムを理解する視点を得たいと思いました。

新型コロナウイルスが世界の株価を急落させ、国境の遮断や都市の封鎖、外出禁止令、医療崩壊のパニックを引き起こしました。マスクや食料（そして拳銃、弾丸！）の買いだめに走る人びと、さまざまな長い行列の映像に驚き、私は沈黙します。

国境線や国籍で人類を分断することに意味はありません。ウイルスから見れば、人は養分を含んだ土地でしかなく、中国人もアメリカ人も、貧困層も超富裕層も区別することなく、ウイルスは生存領域を拡大し、増殖し続けます。

感染者と非感染者とを分け、重篤化を避けるべきです。老人から人工呼吸器を奪って若者に付けることで、倫理的な罪を意識するのであれば、同じ時代を生きる世界の多くの貧困層から、差別的な文明が人工呼吸器を毎日奪っていると私たちは感じていいはずです。温暖化や自然災害の頻発、激甚化に、富裕国は罪を意識すべきではないでしょうか。

私は国際政治経済学（ＩＰＥ）を学びました。同じ国際的なショックを受けても、ある国は民主化し、他の国は独裁体制を強化します。あるいは、秩序が崩壊し、戦争やジェノサイドに向かうかもしれません。貿易が外国から雇用を奪い、金融自由化が社会を破壊するとき、国際的な規制と政策協調が望ましくとも、それを実現する政治や国際制度の問題を抜きに、グローバリゼーションの本質は理解できないと思いました。

この危機の後も、金融に偏ったグローバリゼーションが再現すると思います。しかし、あなたも想像するでしょう。感染率が非常に高く、致死率が新型コロナウイルスよりもっと高い二一世紀型ペストが、将来、どこかで発生するはずだ、と。

世界の大都市は完全に消滅し、それどころか文明の全域で人口が死滅するかもしれません。そして孤島や、高山の集落だけで人類は生き残り、ようやく食べる物がなくなって新型ウイルスも死滅します。何十年も、何世代もたって、人類は高い山から降り、再び海を渡って、次の文明を築き始めます。

しかし今も、ウイルスに感染する生物としては同じ人間が、土地によって異なる社会を築き、政治や制度の在り方は大きく異なります。将来のリスクに対して医療システムをしっかり準備してきた、貧困層に十分な医療や雇用の機会を提供する社会は、高山や孤島でなくても、多くの人をウイルスから守ることができるでしょう。

封鎖された武漢の市民は食料を各家庭まで配給され、韓国では検査やマスクの配分が整然と行われました。雇用の再配置や基本的な生活費の支給も、一部、実施されました。世界経済が急激に悪化するという予想から、ベーシックインカム*やヘリコプター・マネー**が議論され、第二次世界大戦中の耐久生活や、戦後のヨーロッパ復興を支えたマーシャルプランが想起されています。

ガラス越しや、防護服を着て、肉親と最後に言葉を交わした人たち。葬儀も火葬も間に合わず、並べたままの棺の列。客の数が急激に減って、お店を続けられない、職を失うと、人びとは不安と苦悩の重さに耐えています。そんな生活を、何か、変える方法はないのか。

封鎖された都市の中で、隣人との関係を再認識し、互いに窓から声を掛け合い、歌ったり、ダンスしたり、楽器を演奏して、励まし合う市民の姿が報道写真になっています。

＊　本書本文二六五頁の傍注参照。
＊＊　政府・中央銀行が、ヘリコプターから紙幣をばらまくように、対価を取ることなく、大量の貨幣を市中に供給すること。中央銀行による財政赤字の貨幣化。

もしかしたら次の金融危機やウイルスが現れる前に、文明や社会の質を私たちは真剣に議論し、改革を始めるかもしれません。

この本が示す冒険をともにしてくれた読者が、民主主義と資本主義の限界、その多様性、未来に向けた改革のフロンティアを見つめ、考える刺激と材料を得てほしいと思います。

現代を生きるとはどういうことか？　自分たちはどこにいて、何をめざしているのか？　どうすれば「良い社会」を実現できるのか？　どうぞ考えてください。

この本が、時代の圧力に屈することなく、未来を切り拓こうとしている人たちへの小さな声援となれば幸いです。

二〇二〇年三月

小野塚　佳光

参考文献

共　通

ウィリアムズ，E. 著／川北稔訳（1978）『コロンブスからカストロまで――カリブ海域史，1492-1969――』Ⅰ・Ⅱ，岩波書店

オング，アイファ著／加藤敦典・新ケ江章友・高原幸子訳（2013）『《アジア》，例外としての新自由主義――経済成長は，いかに統治と人々に突然変異をもたらすのか？――』作品社

カリル，クリスチャン著／北川知子訳（2015）『すべては1979年から始まった――21世紀を方向づけた反逆者たち――』草思社

ギャンブル，アンドルー著／小笠原欣幸訳（2009）『資本主義の妖怪――金融危機と景気後退の政治学――』みすず書房

キーン，ジョン著／森本醇訳（2013）『デモクラシーの生と死』上・下，みすず書房

クラステフ，イワン著／庄司克宏訳（2018）『アフター・ヨーロッパ――ポピュリズムという妖怪にどう向き合うか――』岩波書店

ジェイムズ，ハロルド著／高遠裕子訳（2002）『グローバリゼーションの終焉――大恐慌からの教訓――』日本経済新聞社

スキデルスキー，ロバート著／本田毅彦訳（2003）『共産主義後の世界――ケインズの予言と我らの時代――』柏書房

スキデルスキー，ロバート著／山岡洋一訳（2010）『なにがケインズを復活させたのか？――ポスト市場原理主義の経済学――』日本経済新聞出版社

ダール，ロバート・アラン著／中村孝文訳（2001）『デモクラシーとは何か』岩波書店

チャタジー，パルタ著／田辺明生・新部亨子訳（2015）『統治される人びとのデモクラシー――サバルタンによる民衆政治についての省察――』世界思想社

ドーア，ロナルド・フィリップ（2011）『金融が乗っ取る世界経済――21

世紀の憂鬱――』中公新書
ポマランツェフ，ピーター著／池田年穂訳（2018）『プーチンのユートピア――21世紀ロシアとプロパガンダ――』慶應義塾大学出版会
ロドリック，ダニ著／柴山桂太・大川良文訳（2014）『グローバリゼーション・パラドクス――世界経済の未来を決める三つの道――』白水社
James, Harold (2009) *The Creation and Destruction of Value: The Globalization Cycle*, Harvard University Press
Krastev, Ivan (2019) "The Metamorphosis of Central Europe," *PS*, Jan. 21, 2019
Luce, Edward (2017) *The Retreat of Western Liberalism*, Little, Brown
Pomerantsev, Peter (2019) "Rudy Giuliani Welcomes You to Eastern Europe," *NYT*, Oct. 5, 2019
Rodrik, Dani (2019a) "Many Forms of Populism," VoxEU.org, Oct. 29, 2019

第1章　ひとつの冒険

ヴォーゲル，エズラ・F.著／広中和歌子・木本彰子訳（1979）『ジャパン・アズ・ナンバーワン――アメリカへの教訓――』TBSブリタニカ
ヴォーゲル，エズラ・F.著／益尾知佐子・杉本孝訳（2013）『現代中国の父鄧小平』上・下，日本経済新聞出版社
エモット，ビル著／鈴木主税訳（1980）『日はまた沈む――ジャパン・パワーの限界――』草思社
加茂雄三編（1973）『キューバ革命』〈ドキュメント現代史11〉平凡社
キング，ジェームズ著／栗原百代訳（2006）『中国が世界をメチャクチャにする』草思社
ブルマ，イアン（2016）「キューバがストーンズを熱烈歓迎したワケ――共産国で奏でられたロックの「破壊力」――」東洋経済ONLINE 2016/04/13
ヤーギン，ダニエル／ジョゼフ・スタニスロー著／山岡洋一訳（2001）『市場対国家――世界を作り変える歴史的攻防――』上・下，日経ビジネス人文庫
リー・クアンユー著／小牧利寿訳（2000）『リー・クアンユー回顧録――

ザ・シンガポールストーリー――』上・下，日本経済新聞社
Ash, Timothy Garton (1993) *The Magic Lantern: The Revolution of '89 Witnessed in Warsaw, Budapest, Berlin, and Prague,* Vintage
Burton, John, Peter Montagnon, Kevin Brown and Jeremy Grant (2015) "Lee Kuan Yew, Singapore's Founding Father, 1923-2015," *FT,* March 22, 2015
Hesse, Martin (2013) "Dirty Money: Will Singapore Clean up Its Act?" SPIEGEL ONLINE 11/01/2013
Khanna, Parag (2015) "Long Live Lee Kuan Yew's Lion City," *FP,* March 22, 2015
Khanna, Parag (2019) "China Couldn't Dominate Asia if It Wanted to," *FP,* Feb. 3, 2019
Mahbubani, Kishore (2015) "The City State of Singapore Braces Itself for Challenges to Come," *FT,* March 23, 2015
Pilling, David (2015) "The Legacy of Its Founder Looms over Singapore," *FT,* Feb. 26, 2015
Subacchi, Paola (2019) "The Road from Thatcherism," *PS,* Feb. 15, 2019
"Barack Obama Visits Cuba-Cubama," *The Economist,* March 19, 2016
"Japan's Amazing Ability to Disappoint," *The Economist,* Sep. 26, 1998
"The World Economy Surprise!" *The Economist,* Sep. 14, 2006
"Why Obama's Visit to Cuba is Groundbreaking: What Barack Obama's Visit to Cuba Means," *The Economist,* March 20, 2016

第 2 章　ブレグジットは起きた

アッシュ，ティモシー・ガートン著／添谷育志監訳 (2013)『ダンシング・ウィズ・ヒストリー――名もなき 10 年のクロニクル――』風行社
遠藤乾 (2016a)「英国は EU 離脱で『のた打ち回る』ことになる」東洋経済 ONLINE 2016/6/27
遠藤乾 (2016b)『欧州複合危機――苦悶する EU，揺れる世界――』中公新書
尾上修悟 (2018)『BREXIT「民衆の反逆」から見る英国の EU 離脱――緊

縮政策・移民問題・欧州危機――』明石書店
オリヴァー，クレイグ著／江口泰子訳（2017）『ブレグジット秘録――英国がEU離脱という「悪魔」を解き放つまで――』光文社
庄司克宏著（2016）『欧州の危機―― Brexit ショック――』東洋経済新報社
田中理（2016）「天気とサッカーと英EU離脱問題」REUTERS　為替フォーラム 2016年4月19日
ブレイディみかこ（2016）「英EU離脱に憤る若者たち――でも実は若年層は投票しなかった世代――」『ニューズウィーク日本版』2016年6月27日
【ブレグジット前週】
Ganesh, Janan (2016) "A Referendum That Is Both Naive and Necessary," *FT*, June 20, 2016
Münchau, Wolfgang (2016a) "European Values Are More Important than Economics," *FT*, June 19, 2016
Posen, Adam (2016) "Dangers of Following the Path to an Offshore Britain," *FT*, June 21, 2016
Rachman, Gideon (2016a) "Why True Democrats Should Vote to Remain in the EU," *FT*, June 19, 2016
Schama, Simon (2016) "Let Us Spurn Brexit and Remain a Beacon of Tolerance," *FT*, June 17, 2016
Spence, Michael (2016) "Brexit in Context," *PS*, June 20, 2016
Wolf, Martin (2016a) "Why I Believe Britain belongs in Europe," *FT*, June 21, 2016
【ブレグジット直後】
Haass, Richard (2016) "Political Losses from Brexit Will Be Deep and Enduring," *FT*, June 23, 2016
James, Harold (2016a) "The Brexit Revolt," *PS*, June 24, 2016
Khanna, Parag (2016) "London Should Secede from the United Kingdom," *FP*, June 28, 2016
Krugman, Paul (2016) "Brexit: the Morning after," *NYT*, June 24, 2016
Münchau, Wolfgang (2016b) "Britain Left the EU Decades before the

Referendum," *FT*, June 23, 2016
Rachman, Gideon (2016b) "I Do Not Believe That Brexit Will Happen," *FT*, June 26, 2016
Rogoff, Kenneth (2016) "Britain's Democratic Failure," *PS*, June 24, 2016
Summers, Larry (2016) "The Waves from Brexit Start to Spread," *FT*, June 23, 2016
Wolf, Martin (2016b) "Brexit Will Reconfigure the UK Economy," *FT*, June 24, 2016
【ブレグジット全般】
Ash, Timothy Garton (2017) "Brexit Is a Tragedy, But There's Much We Can Do before the Final Act," *The Guardian*, March 30, 2017
Ash, Timothy Garton (2020) "We Remainers Must Now Aim for Britain to Do Well: And the EU Even Better," *The Guardian*, Jan. 31, 2020
Baldwin, Richard (ed.) (2016) *Brexit Beckons: Thinking ahead by Leading Economists*, VoxEU eBook, CEPR Press
Edgerton, David (2020) "Boris Johnson Might Break up the U. K. That's a Good Thing," *NYT*, Jan. 10, 2020
Fetzer, Thiemo (2019) "Austerity Caused Brexit," VoxEU.org, April 8, 2019
James, Harold (2016b) "Tragic Legacy of Britain's Indecision over Identity," *FT*, Oct. 26, 2016
Mishra, Pankaj (2019) "The Malign Incompetence of the British Ruling Class," *NYT*, Jan. 17, 2019
Stephens, Philip (2016) "British Politics Has Broken out of the Two-party System," *FT*, May 7, 2016
Wolf, Martin (2016c) "Brexit: Sovereignty Is Not the Same as Power," *FT*, May 3, 2016
Wolf, Martin (2016d) "The Markets Have Taught Theresa May a Hard Lesson on Sovereignty," *FT*, Oct. 11, 2016
Younge, Gary (2019) "So, Poorer Brexiters Voted to Be Worse off?

There's Nothing Wrong in That," *The Guardian*, Feb. 1, 2019
"Bagehot: Brexitland versus Londonia," *The Economist,* July 2, 2016
"Between the Borders: The Idea of European Unity Is More Complicated than Its Supporters or Critics Allow," *The Economist,* June 18, 2016
"Driving each other mad for Christmas," *The Economist,* Dec. 22, 2018
"Northern Ireland: Past and Future Collide," *The Economist,* March 31, 2018
"The Economic Fallout: Managing Chaos," *The Economist,* July 2, 2016
"The Silence of the Lambs," *The Economist,* Feb. 16, 2019

第３章　タックスヘイブン

志賀櫻（2013）『タックス・ヘイブン　逃げていく税金』岩波新書
シャヴァニュー，クリスチアン／ロナン・パラン編／杉村昌昭訳（2007）『タックスヘイブン――グローバル経済を動かす闇のシステム――』作品社
ナイム，モイセス著／河野純治訳（2006）『犯罪商社.com ――ネットと金融システムを駆使する，新しい"密売業者"――』光文社
パラン，ロナン／リチャード・マーフィー／クリスチアン・シャヴァニュー著／青柳伸子訳（2013）『［徹底解明］タックスヘイブン――グローバル経済の見えざる中心のメカニズムと実態――』作品社
ヘライナー，エリック著／矢野修一・柴田茂紀・参川城穂・山川俊和訳（2015）『国家とグローバル金融』法政大学出版局
マーフィー，リチャード著／鬼澤忍訳（2017）『ダーティ・シークレット――タックス・ヘイブンが経済を破壊する――』岩波書店
Alvaredo, Facundo, Lucas Chancel, Thomas Piketty, Emmanuel Saez and Gabriel Zucman (2017) *World Inequality Report 2018*, World Inequality Lab.
Brooks, Richard (2016) "Tax Havens Don't Need to Be Reformed. They Should Be Outlawed," *The Guardian*, April 4, 2016
Chakrabortty, Aditya (2016) "We've Been Conned by the Rich Predators of Davos," *The Guardian*, Jan. 19, 2016

Cohen, Nick (2018) "Welcome to Malta, Playground for the Frivolous Grandees of the Right," *The Guardian*, June 30, 2018

Foroohar, Rana (2017) "The Tax Reform the US Really Needs," *FT*, Nov. 13, 2017

Frieden, Jeffry A. (1994) "International Investment and Colonial Control: A New Interpretation," *International Organization*, Vol. 48, Issue 4, Autumn 1994

Global Financial Integrity (2017) "Illicit Financial Flows to and from Developing Countries: 2005–2014," May 1, 2017

Harford, Tim (2016) "A Strong Tax System Doesn't Rely on Naming and Shaming," *FT*, April 7, 2016

Independent Commission for the Reform of International Corporate Taxation (ICRICT) (2018) *A Roadmap to Improve Rules for Taxing Multinationals: A Fairer Future for Global Taxation*

Jones, Owen (2017) "Tax Avoidance May Be Legal but It's Bankrupting Our Social Order," *The Guardian*, Nov. 7, 2017

Klein, Matthew C. (2017) "What the Foreign Direct Investment Data Tell Us about Corporate Tax Avoidance," *FT*, Nov. 23, 2017

Kristof, Nicholas and Sheryl WuDunn (2020) "Who Killed the Knapp Family?" *NYT*, Jan. 9, 2020

Kristof, Nicholas (2020) "Are My Friends' Deaths Their Fault or Ours?" *NYT*, Jan. 18, 2020

Lagarde, Christine (2019) "An Overhaul of the International Tax System Can Wait No Longer," *FT*, March 11, 2019

Lane, Frederic C. (1958) "Economic Consequences of Organized Violence," *Journal of Economic History*, Vol. 18 No.4, Dec. 1958

Luce, Edward (2019) "Elizabeth Warren Will Be the Winner from Trump Impeachment," *FT*, Sep. 26, 2019

Mitchell, Daniel J. (2008) "Why Tax Havens Are a Blessing," *FP*, March 18, 2008

Muir, Hugh (2017) "We've Hit Peak Injustice: A World without Borders, but Only for the Super-rich," *The Guardian*, Sep. 18, 2017

Ocampo, José Antonio (2019) "A Rare Chance to Fix the Global Corporate Tax System," *FT,* July 11, 2019
OXFAM (2017) "An Economy for the 99%," OXFAM Briefing Paper, Jan., 2017
OXFAM (2020) "Time to Care : Unpaid and Underpaid Care Work and the Global Inequality Crisis" (www.oxfam.org)
Phillips, Richard, Matt Gardner, Alexandria Robins and Michelle Surka (2017) *Offshore Shell Games 2017: The Use of Offshore Tax Havens by Fortune 500 Companies*, Institute on Taxation and Economic Policy and U. S. PIRG Education Fund, Oct., 2017
Saez, Emmanuel and Gabriel Zucman (2019) "How to Tax Our Way Back to Justice," *NYT,* Oct. 11, 2019
Setser, Brad (2019) "The Global Con Hidden in Trump's Tax Reform Law, Revealed," *NYT,* Feb 6, 2019
Stiglitz, Joseph E. (2019) "How Can We Tax Footloose Multinationals?" *PS,* Feb 13, 2019
Wolf, Martin (2017a) "A Republican Tax Plan Built for Plutocrats," *FT,* Nov. 22, 2017.
Wolf, Martin (2019a) "The World Needs to Change the Way It Taxes Companies," *FT,* March 8, 2019
Wu, Tim (2008) "OPEC 2.0," *NYT*, July 30, 2008
Zucman, Gabriel (2017) "How Corporations and the Wealthy Avoid Taxes (and How to Stop Them)," *NYT,* Nov. 10, 2017
Zucman, Gabriel (2018) "If Ronald Can't Beat Uruguay, the Least He Can Do Is Pay Tax," *NYT,* July 3, 2018
"Data is Giving Rise to a New Economy," *The Economist,* May 6, 2017
"FC Barcelona Star Lionel Messi: Tax Troubles, an Audit and a 100-Million-Euro Contract," SPIEGEL ONLINE 01/15/2018
"Storm Survivors," *The Economist*, Feb. 16, 2013
"Taming the Titans," *The Economist,* Jan. 20, 2018
"Tax Avoidance: Reclaiming the Booty," *The Economist,* Feb. 23, 2019
"The Guardian View on the 1%: Democracy or Oligarchy?" *The*

Guardian, Dec. 17, 2017
"Wealth Management: For the Money, Not the Few," *The Economist*, Dec. 21, 2019

第4章　ポピュリズムの広がり

エドソール，トマス・B./メアリー・D・エドソール著／飛田茂雄訳（1995）『争うアメリカ――人種・権利・税金――』みすず書房
谷口将紀・水島治郎編著（2018）『ポピュリズムの本質――「政治的疎外」を克服できるか――』中央公論新社
水島治郎（2016）『ポピュリズムとは何か――民主主義の敵か，改革の希望か――』中公新書
ミュデ，カス／クリストバル・ロビラ・カルトワッセル著／永井大輔・高山裕二訳（2018）『ポピュリズム――デモクラシーの友と敵――』白水社
ミュラー，ヤン＝ヴェルナー著／板橋拓己訳（2017）『ポピュリズムとは何か』岩波書店
Cohen, Roger (2016a) "President Donald Trump," *NYT*, Nov. 9, 2016
Cohen, Roger (2016b) "The Rage of 2016," *NYT*, Dec. 5, 2016
Dixon, Hugo (2014) "Populists Challenge European Political Order," *NYT*, Nov. 23, 2014
Edsall, Thomas B. (2017) "The Peculiar Populism of Donald Trump," *NYT*, Feb. 2, 2017
Edsall, Thomas B. (2019) "The Political Magic of Us vs. Them," *NYT*, Feb. 13, 2019
Fetzer, Thiemo (2019) "Austerity caused Brexit," VoxEU.org, April 8, 2019
James, Harold (2016) "Containing the Populist Contagion," *PS*. Nov. 24, 2016
James, Harold (2017) "National Debt and Global Order," *PS*. Jan. 25, 2017
Judis, John B. (2016) *The Populist Explosion: How the Great Recession Transformed American and European Politics*, Columbia Global

Reports

Krastev, Ivan (2019) "The Metamorphosis of Central Europe," *PS,* Jan. 21, 2019

Lewis, Paul, Caelainn Barr, Seán Clarke, Antonio Voce, Cath Levettand and Pablo Gutiérrez (2019) "Revealed: The Rise and Rise of Populist Rhetoric," *The Guardian*, March 6, 2019

Luce, Edward (2017) *The Retreat of Western Liberalism*, Little, Brown

Mason, Paul (2016) "If Europe's Centre-left Clings to Discredited Ideas, It Will Die," *The Guardian,* October 3, 2016

Mishra, Pankaj (2017) "America, From Exceptionalism to Nihilism," *NYT,* April 28, 2017

Münchau, Wolfgang (2016) "Europe's Grand Coalitions Have Allowed Extremes to Prosper," *FT,* May 1, 2016

Naím, Moisés (2009) "Nouvelle Regimes in a Few Easy Steps," *Washington Post,* Aug. 2, 2009

Rachman, Gideon (2018) "Sex, Violence and the Rise of Populism," *FT* Oct. 1, 2018.

Rachman, Gideon (2019) "The Trump Era Could Last 30 Years," *FT,* Feb. 4, 2019

Rajan, Raghuram G. (2019a) "Why Capitalism Needs Populism," *PS,* May 6, 2019

Rajan, Raghuram G. (2019b) "Our Future Depends on Communities," *NYT,* Dec. 4, 2019

Rice-Oxley, Mark and Ammar Kalia (2018) "How to Spot a Populist," *The Guardian,* Dec. 3, 2018

Rodrik, Dani (2019b) "What's Driving Populism?" *PS,* July 9, 2019

Smith, David, Paul Lewis, Josh Holder and Frank Hulley-Jones (2019) "The Teleprompter Taest: Why Trump's Populism Is Not His Own," *The Guardian*, March 6, 2019

Stiglitz, Joseph E. (2016) "How Trump Happened," *PS*, Oct. 14, 2016

Tabellini, Guido (2019) "The Rise of Populism," VoxEU.org, Oct. 29, 2019

Wolf, Martin (2016e) "Global Elites Must Heed the Warning of Populist Rage," *FT,* July 20, 2016
Wolf, Martin (2017b) "Donald Trump's Pluto-populism Laid Bare," *FT,* May 3, 2017
Wolf, Martin (2017c) "The Economic Origins of the Populist Surge," *FT,* June 28, 2017
"America's New President: The Trump Era," *The Economist,* Nov. 12, 2016
"Driving Each Other Mad for Christmas," *The Economist,* Dec. 22, 2018
"Europe's Populists Are Waltzing into the Mainstream," *The Economist,* Feb. 3, 2018
"Foxconn in Wisconsin: Makers and Takers," *The Economist,* Jan. 26, 2019
"If Hell Is Other People, Bulgaria is Paradise," *The Economist,* Jan. 11, 2018
"Incredibly Shrinking Bulgaria," *The Economist,* Jan. 13, 2018

第５章　地政学と大国間秩序

小野塚佳光（2012）「アナーキーの再発見――ベルリンの壁崩壊から世界金融危機まで――」『経済学論叢』同志社大学，第 64 巻第 1 号，2012 年，7 月 20 日
カプラン，ロバート・D. 著／櫻井祐子訳（2014a）『地政学の逆襲――「影の CIA ――」が予測する覇権の世界地図』朝日新聞出版
カプラン，ロバート・D. 著／奥山真司訳（2014b）『南シナ海――中国海洋覇権の野望――』講談社
Brzezinski, Zbigniew (2013) "Russia, Like Ukraine, Will Become a Real Democracy," *FT,* Dec. 10, 2013
Foroohar, Rana (2018) "Fight the Faangs, Not China," *FT,* May 7, 2018
Freytas-Tamura, Kimiko de (2018) "They're Going to Imprison Some of Us. and, Yes, They Will Kill Some of Us." *NYT,* Oct. 12, 2018
Friedman, Thomas L. (2014) "Order vs. Disorder, Part 3," *NYT,* Aug.

23, 2014
Fu Ying (2016) "The US World Order is a Suit That No Longer Fits," *FT,* Jan. 6, 2016
Kaplan, Robert D. (2001) *The Coming Anarchy: Shattering the Dreams of the Post Cold War*, Vintage; Reprint
Kaplan, Robert D. (2011) "A Power Shift in Asia," *Washington Post,* Sep. 24, 2011
Kaplan, Robert D. (2015) "It's Time to Bring Imperialism Back to the Middle East," *FP,* May 25, 2015
Kaplan, Robert D. (2017) "The Quiet Rivalry between China and Russia," *NYT,* Nov. 3, 2017
Kaplan, Robert D. (2019) "A New Cold War Has Begun," *FP,* Jan. 7, 2019
Kynge, James (2018) "The US Cannot Halt China's March to Global Tech Supremacy," *FT*, Aug. 23, 2018
Lewis, Jeffrey (2019) "The Real North Korea Summit Is inside the Trump Administration," *FP,* Feb. 26, 2019
Luce, Edward (2017) *The Retreat of Western Liberalism*, Little, Brown
Mearsheimer, John J. (2014) "Getting Ukraine Wrong," *NYT,* March, 13, 2014
Moyo, Dambisa (2018) "The African Threat," *PS,* Nov. 23, 2018
Mukwege, Denis (2018) "My Country Is Sliding toward Chaos," *NYT,* Dec. 21, 2018
Nye, Joseph S. (2017) "Xi Jinping's Marco Polo Strategy," *PS,* June 12, 2017
Quah, Danny and Kishore Mahbubani (2016) "The Geopolitics of Populism," *PS*, Dec. 9, 2016
Specia, Megan (2019) "The Evolution of ISIS: From Rogue State to Stateless Ideology," *NYT,* March 20, 2019
Stephens, Philip (2014) "The Perils of Asia's Nationalist Power Game," *FT,* May 22, 2014
Tooze, Adam (2018) "The Turning Point of 2008," *PS,* Aug. 8, 2018

Walt, Stephen M. (2014a) "Would You Die for That Country?" *FP,* March 24, 2014
Walt, Stephen M. (2014b) "NATO Owes Putin a Big Thank-You," *FP,* Sep. 4, 2014
Walt, Stephen M. (2015) "What Should We Do If the Islamic State Wins?" *FP,* June 10, 2015
Walt, Stephen M. (2016) "The World Can Have Peace and Prosperity, If It Wants," *FP,* Dec. 23, 2016
Walt, Stephen M. (2017a) "In Praise of a Transatlantic Divorce," *FP,* May 30, 2017
Walt, Stephen M. (2017b) "Great Powers Are Defined by Their Great Wars," *FP,* Sep. 21, 2017
"Africa's Great War Reignites," *The Economist,* Feb. 17, 2018
"America and North Korea: Face off," *The Economist,* Jan. 27, 2018
"How to Get Beer around Congo, a Country with Hardly Any Roads," *The Economist,* Jan. 18, 2020
"It Could Happen," *The Economist,* Aug. 5, 2017
"Red Lines and Bad Choices," *The Economist,* Aug. 5, 2017
"Sudan Can't Wait," *The Economist,* July 31, 2004
"The Democratic Republic of Congo: Waiting to Erupt," *The Economist,* Feb. 17, 2018
"The Politics of Urbanization: Vexed in the City," The Economist, Nov. 10, 2018
"Trade and Politics: East African Rifts," *The Economist,* Feb. 9, 2019

第６章　世界金融危機

アイケングリーン，ベリー著／畑瀬真理子・松林洋一訳 (2010)『グローバル・インバランス――歴史からの教訓――』東洋経済新報社
アチャリア，ヴィラル・V./マシュー・リチャードソン著／大村敬一監訳 (2011)『金融規制のグランドデザイン――次の「危機」の前に学ぶべきこと――』中央経済社
ウィリアムソン，ジョン著／小野塚佳光訳 (2005)『国際通貨制度の選択

──東アジア通貨圏の可能性──』岩波書店
ウルフ，マーティン著／遠藤真美訳 (2015)『シフト＆ショック──次なる金融危機をいかに防ぐか──』早川書房
小野塚佳光 (2009)「アメリカ金融危機と資本主義の救済」『現代の理論』2009 年夏号［Vol. 20］，明石書店
キンドルバーガー，チャールズ・P.／ロバート・Z・アリバー著／高遠裕子訳 (2014)『熱狂，恐慌，崩壊──金融危機の歴史──(原著第6版)』日本経済新聞出版社
キンドルバーガー，チャールズ・P. 著／石崎昭彦・木村一朗訳 (2009)『大不況下の世界──1929-1939──』改訂増補版，岩波書店
ションフィールド，A. 著／海老沢道進・間野英雄・松岡健二郎・石橋邦夫訳 (1968)『現代資本主義』オックスフォード大学出版局
スティグリッツ，ジョーゼフ・E. 著／楡井浩一・峯村利哉訳 (2010)『フリーフォール──グローバル経済はどこまで落ちるのか──』徳間書店
ソーキン，アンドリュー・ロス著／加賀山卓朗訳 (2014)『リーマン・ショック・コンフィデンシャル──追いつめられた金融エリートたち──』上・下，ハヤカワ文庫
ハミルトン，A. 著／鈴田敦之訳 (1987)『金融革命の衝撃──日本を襲うグローバリゼーションの衝撃──』ダイヤモンド社
ヘライナー，エリック著／矢野修一・柴田茂紀・参川城穂・山川俊和訳 (2015)『国家とグローバル金融』法政大学出版局
本山美彦著 (2009)『《集中講義》金融危機後の世界経済を見通すための経済学』作品社
ラジャン，ラグラム・G. 著／伏見威蕃・月沢李歌子訳 (2011)『フォールト・ラインズ──「大断層」が金融危機を再び招く──』新潮社
ルイス，アーサー著／石崎昭彦・森恒夫・馬場宏二訳 (1969)『世界経済論』新評論
ルービニ，ヌリエル／スティーブン・ミーム著／山岡洋一・北川知子訳 (2010)『大いなる不安定──金融危機は偶然ではない，必然である──』ダイヤモンド社
Bernanke, Ben S. (2004) “Remarks by Governor Ben S. Bernanke: The

Great Moderation," At the Meetings of the Eastern Economic Association, Washington, DC, Feb. 20, 2004 (https://www.federalreserve.gov/boarddocs/speeches/2004/20040220/)

Bernanke, Ben S. (2005) "The Global Saving Glut and the U.S. Current Account Deficit," Governor Bernanke presented similar remarks with updated data at the Homer Jones Lecture, St. Louis, Missouri, on April 14, 2005 (https://www.federalreserve.gov/boarddocs/speeches/2005/200503102/)

Bernanke, Ben S., Timothy F. Geithner and Henry M. Paulson Jr. (2018) "What We Need to Fight the Next Financial Crisis," *NYT*, Sept. 7, 2018

Bordo, Michael and Harold James (2015) "Capital Flows and Domestic and International Order: Trilemmas from Macroeconomics to Political Economy and International Relations," VoxEU.org, April 6, 2015

Chinn, Menzie and Jeffry Frieden (2012) "How to Save the Global Economy: Whip Up Inflation. Now," *FP,* Jan./Feb., 2012

Eichengreen, Barry (2014) "A Requiem for Global Imbalances," *PS,* Jan. 13, 2014

Eichengreen, Barry (2017) "Crouching Donald, Paper Tiger," *PS,* April 10, 2017

Frieden, Jeffry A. (2006) *Global Capitalism: Its Fall and Rise in the Twentieth Century*, W. W. Norton & Co.

Frieden, Jeffry A., Michael Pettis, Dani Rodrik and Ernesto Zedillo (2012) "Don't Count on Enhanced Global Governance," Vox.org, July 26, 2012

Irwin, Douglas and Barry Eichengreen (2010) "How to Prevent a Currency War," *PS*, Oct. 12, 2010

James, Harold and Domenico Lombardi (2014) "What Enabled Bretton Woods?" *PS,* July 8, 2014

Krugman, Paul (2018) "Botching the Great Recession," *NYT*, Sept. 12, 2018

O'Rourke, Kevin H. (2016) "This Backlash Has Been a Long Time Coming," in Richard Baldwin (ed.) *Brexit Beckons,* VoxEU eBook, CEPR Press
O'Rourke, Kevin H. (2017) "Brexit, Political Shock Absorbers, and the Three Rs," in Beck, Thorsten, Geoffrey Underhill (eds) *Quo Vadis? Identity, Policy and the Future of the European Union,* VoxEU eBook, CEPR Press
Roubini, Nouriel (2015) "Europe's Politics of Dystopia," *PS,* Oct. 29, 2015
Skidelsky, Robert (2018) "Good Politics, Bad Economics," *PS* Sep. 20, 2018
Smick, David M. (2009) "Geithner's Last Laugh, *Wshington Post,* June 9, 2009
Tett, Gillian (2018) "Five Surprising Outcomes of the 2008 Financial Crisis," *FT,* Sep. 7, 2018
The Editorial Board (2018) "Waning Co-operation Makes Next Crisis More Difficult to Tackle," *FT*, Sep. 13, 2018
Truman, Edwin M. (2013) "Enhancing the Global Financial Safety Net through Central-bank Cooperation," Vox.org, Sep. 10, 2013
Wolf, Martin (2010) "Why US Voters Are Suing Dr Obama," *FT*, Oct. 26, 2010
Wyplosz, Charles (2017) "The Deficit Tango," *PS*, Aug. 11, 2017
"A Short History of Modern Finance: Link by Link," *The Economist,* Oct. 16, 2008

第７章　時代のフロンティアで

アッカマン，ブルース／ジェイムズ・S・フィシュキン著／川岸令和訳 (2014)『熟議の日――普通の市民が主権者になるために――』早稲田大学出版部
小野塚佳光 (2003)「国際通貨体制における危機――政治的視点――」『経済学論叢』同志社大学，第54巻第4号，2003年3月20日
小野塚佳光 (2007)『グローバリゼーションを生きる――国際政治経済学

と想像力――』萌書房
カクタニ，ミチコ著／岡崎玲子訳（2019）『真実の終わり』集英社
ギャンブル，アンドリュー著／内山秀夫訳（2002）『政治が終わるとき？――グローバル化と国民国家の運命――』新曜社
キーン，ジョン著／森本醇訳（2013）『デモクラシーの生と死』上・下，みすず書房
キンドルバーガー，チャールズ・P. 著／益戸欣也訳（1983）『インターナショナル・マネー』産業能率大学出版部
クラウチ，コーリン／ウォルフガング・ストリーク（2001）「資本主義の多様性の将来」コーリン・クラウチ／ウォルフガング・ストリーク編（2001）『現代の資本主義制度――グローバリズムと多様性――』序説，NTT 出版
ジェイムズ，ハロルド著／高遠裕子訳（2002）『グローバリゼーションの終焉――大恐慌からの教訓――』日本経済新聞出版社
ダール，ロバート・アラン著／中村孝文訳（2001）『デモクラシーとは何か』岩波書店
ダール，ロバート・A. 著／伊藤武訳（2006）『ダール，デモクラシーを語る』岩波書店
チャン，ハジュン著／横川信治・張馨元訳（2009）『はしごを外せ――蹴落とされる発展途上国――』日本評論社
ドーア，ロナルド・フィリップ著／田丸延男訳（1986）『貿易摩擦の社会学――イギリスと日本――』岩波新書
ドーア，ロナルド・フィリップ（2001a）「日本の独自性」クラウチほか編（2001）第 1 章所収
ドーア，ロナルド・フィリップ著／藤井真人訳（2001b）『日本型資本主義と市場主義の衝突――日・独対アングロサクソン――』東洋経済新報社
ドーア，ロナルド（2006）『誰のための会社にするか』岩波新書
ドーア，ロナルド・フィリップ（2014）『幻滅――外国人社会学者が見た戦後日本 70 年――』藤原書店
ナイム，モイセス著／加藤万里子訳（2015）『権力の終焉』日経 BP
ハーヴィ，デーヴィド著／渡辺治・森田成也訳（2007）『新自由主義――

その歴史的展開と現在――』作品社
深田祐介／ロナルド・フィリップ・ドーア（1993）『日本型資本主義なくしてなんの日本か』光文社
ボールドウィン，リチャード著／遠藤真美訳（2018）『世界経済大いなる収斂―― IT がもたらす新次元のグローバリゼーション――』日本経済新聞出版社
レビツキー，スティーブン／ダニエル・ジブラット著／濱野大道訳（2018）『民主主義の死に方――二極化する政治が招く独裁への道――』新潮社
Alvaredo, Facundo, Lucas Chancel, Thomas Piketty, Emmanuel Saez and Gabriel Zucman (2017) *World Inequality Report 2018*, World Inequality Lab, 2017
Dore, Ronald (1996) "Convergence in Whose Interest?" in Berger, S. Suzanne, Ronald Dore (eds) *National Diversity and Global Capitalism*, Cornell University Press
Foa, Roberto Stefan and Jonathan Wilmot (2019) "The West Has a Resentment Epidemic," *FP*, Sep. 18, 2019
Friedman, Thomas L. (2016) "Dancing in a Hurricane," *NYT*, Nov. 20, 2016
Gamble, Andrew (2014) *Crisis Without End? The Unravelling of Western Prosperity*, Palgrave Macmillan
Gamble, Andrew (2017) "State Capacity, Populism and the EU Budget," in Beck, Thorsten, Geoffrey Underhill (eds) *Quo Vadis? Identity, Policy and the Future of the European Union*, VoxEU eBook, CEPR Press
James, Harold (2009) *The Creation and Destruction of Value: The Globalization Cycle*, Harvard University Press
Kaletsky, Anatole (2010) *Capitalism 4.0: The Birth of a New Economy in the Aftermath of Crisis*, Bloomsbury
Khanna, Parag (2019) "Can the East Save the West?" *PS*, May 10, 2019
Luce, Edward (2017) *The Retreat of Western Liberalism*, Little, Brown

Rodrik, Dani (2019) "Many Forms of Populism," Vox.org, Oct. 29, 2019
Sako, Mari (2018) "Ronald Dore, Sociologist, 1925–2018," *FT*, Nov. 27, 2018
TED「司法の不正について話さなければならない」(https://www.ted.com/talks/bryan_stevenson_we_need_to_talk_about_an_injustice)
Wolf, Martin (2016f) "Capitalism and Democracy: the Strain is Showing," *FT*, Aug. 30, 2016
Wolf, Martin (2018) "Why So Little Has Changed since the Financial crash," *FT*, Sept. 4, 2018
Wolf, Martin (2019b) "Why Rigged Capitalism is Damaging Liberal Democracy," *FT*, Sept. 18, 2019
"Dethroning the Dollar: America's Aggressive Use of Sanctions Endangers the Dollar's Reign," *The Economist*, Jan. 18, 2020

■著者略歴
小野塚佳光（おのづか　よしみつ）
1959年　大阪市に生まれる
　　　　京都大学大学院経済学研究科博士課程修了
現　在　同志社大学経済学部教授
主要業績
『グローバリゼーションを生きる――国際政治経済学と想像力――』（萌書房，2007年），『グローバル化の政治経済学』（共編著：晃洋書房，1998年），『世界経済論――グローバル化を超えて――』（共著：ミネルヴァ書房，2006年），『現代世界経済をとらえるVer. 5』（共著：東洋経済新報社，2010年），『国際通貨制度の選択――東アジア通貨圏の可能性――』（編訳：岩波書店，2005年），『平和を勝ち取る――アメリカはどのように戦後秩序を築いたか――』（共訳：岩波書店，2009年）他。

ブレグジット×トランプの時代
――金融危機と民主主義の溶解――

2020年5月1日　初版第1刷発行
2022年4月15日　初版第2刷発行

著　者　小野塚 佳光
発行者　白 石 徳 浩
発行所　有限会社 萌《きざす》 書 房
〒630-1242　奈良市大柳生町3619-1
TEL（0742）93-2234 / FAX 93-2235
［URL］http://www3.kcn.ne.jp/~kizasu-s
振替　00940-7-53629

印刷・製本　共同印刷工業㈱・新生製本㈱

ISBN978-4-86065-137-4